あなたの中の「自己肯定感」がすべてをラクにする

原 裕輝

青春出版社

はじめに

ちょっと変えれば世界が変わる

——あなたの人生に自己肯定感は足りてますか？

私は普段、心理カウンセラーやワークショップのトレーナーという仕事をしています。

カウンセリングやワークショップをしていると、恋愛・夫婦問題に関すること、職場や、親子問題に関すること、また「自信をもっと持ちたいんです」など、様々なご相談をいただきます。

何度かご相談をいただいたことがある人のなかには、こんな話をしてくださる人がいるのです。

「初めて相談しに来た時は、問題を抱えていて大変だったように思いますが、いまは、そんな時期もあったなぁーと笑えるようになりましたね」

そして、その当時よりも、いまはずいぶん幸せになったという、お話をしてくれます。

例えば、

「昔は、パートナーとの離婚問題で悩んでいたけど、いまはパートナーと仲良くなって幸せに思います。だからもっと仲良くなりたいんです」

「昔は毎朝職場に行くのが憂鬱だったけど、いまは働くことを楽しめて幸せ。もっと人生を楽しめるようにしたい」

「昔は、お父さんのことが、とても嫌いだったけど、いまはお父さんのことが好きだと思えて本当にうれしい」

など、そんなお話を聞かせていただくことがあります。

みなさんが苦労をしていた時代を知っているだけに、そんな話を聞くと、「本当に良かった」という気持ちでいっぱいになります。

では「いまは幸せ」と、言ってくださった人は、何が変わって幸せになったのだと思いますか？

幸せになっていったポイントを整理すると、外的な要因が大きく変わったから幸せになったという人は少ないです。

例えば、中年のおっさんだったパートナーが、通信販売で買った魔法の秘薬で15歳若返って美少年になったから、またラブラブになれたというような話は聞きません。

人事課の人に、黄金色のお菓子を包んで、気が合う仲間達だけの部署を作ってもらった話も聞きません。

あんなお父さんだったらいいな〜と、うらやましく思っていた隣の家のお父さんと、自分のお父さんを交換してもらった話も聞きません。

パートナーや、職場環境や、親などの外的要因が変わったから幸せになったわけではないのです。

では、いったい何が変わったのでしょう?

過去を振り返って整理していくと、外的な要因ではなく、本人のものの見方や、考え方や、とらえ方が変わっていったことが、いまの幸せを招いたという人がほとんどなのです。

自分が変われば世界が変わるという言葉がありますが、まさにこのことですね。

世界を変えなくても、自分のものの見方、考え方をちょっと変えていくと、世界が変わっていくことを、お会いした多くの方々が教えてくれました。

自分をちょっと変えることで、恋愛、仕事、人間関係など、人生が良くなるケースでは、自己肯定感を高めるよう取り組んだことが人生を変えたというケースがたくさんありました。

本書ではあなたの人生が良くなるように願いを込めて、自己肯定感が高まるヒント、コツなどをお伝えしていきます。

目次

あなたの中の「自己肯定感」が
すべてをラクにする

自己肯定感と人間関係 43

2章 あなたが自己肯定感をもつために
――いまの自分を受け入れてみよう

3章

自己肯定感でいつもの生活が幸せで満ち始める

――自分に幸せになることを許可しよう

4章 自己肯定感は「なりたい自分」になれる近道
――欲しい未来を手に入れるために

本文デザイン／浦郷和美
本文ＤＴＰ／森の印刷屋
カバーイラスト／谷口周郎

1章

自己肯定感って何？

――いまの自分を見つめ直す

自己肯定感と自分

どうしていつも自分を責めてしまうの？

「何でも自分のせいと思ってしまう」
「いやなことをいやと言えない」
「メールですぐに返信がないと、何か怒らせたかなと不安になる」
「他人の顔色をうかがってしまう」

……こんな風に考えて、自分を抑えてしまうことはありませんか？　相手を優先する心優しいあなたの生き方は、時に苦しいこともあるかもしれません。

そのままでも十分に幸せだとしたら、いまのものの見方、考え方、とらえ方を変える必要はありません。

ただ、もっと幸せになりたい時は、ものの見方、考え方、とらえ方をちょっと変えてみることにチャレンジしてみるといいでしょう。

カウンセリングでは、いまの状況を変えようと考える時、あるシンプルな考えを取り入れることがあります。

「いまの結果＝いまの考え方＋いまの行動」

こんな考え方をします。

つまり、いまの結果をより幸せにしたいなら、いまの考え方か、いまの行動を変えてみればいいのです。

もっと幸せになることに越したことはありませんよね。

もっと幸せを呼び込むために、何かを、ちょっとだけ変えてみましょう。

「私なんか」の呪縛

幸せになりたいと思っていながら、自己肯定感の低さから「私なんかが幸せになる資格はない」「幸せになんてなれっこない」と、幸せになることを自分に許可できていない人がいます。許可をしていないという状態は、欲しいものや欲しい状況が、自分のもとにやってくるチャンネルを閉じてしまっている状態だといえます。

自分が欲しいものを受け取ることを自分に許可していないと、チャンスがやってきたとしても受け取れません。自分に幸せを受け取ることや、幸せになることを許可していないと幸せが手に入らないのです。

ですから、自分に幸せになることを許してあげてほしいのです。

あなたにはその価値があるのですから。

自分を愛すること、知っていますか？

幸せの法則。それは、自分を愛することです。

自分のことを大切に思ったり、自分に優しい想いを向けたり、自分を好きになってみることです。

とてもシンプルですね。

自分を好きになると、人を好きになれます。

自分に優しくできると、人に優しくなれます。

自分を大切にできると、人を大切にできます。

自分を愛することができると、人を愛せます。

それらは、とてもすばらしく、美しいことです。

そして幸せなことです。

自分を好きになるために、まずは自分の価値や、自分で自分のことをどう思えばいいのかの話を始めましょう。

2つの自己肯定感

自己肯定感には2つの自己肯定感があります。

一つ目は、自分にはこんな良いところがあるという自己肯定感です。「自分は優しいところがあるし、人に気配りもできる、こんな良いところがある自分はすばらしい」というように自分の価値、魅力、才能、美しさを認められるという自己肯定感。

二つ目は、自分はこれでいいのだという自己肯定感です。「自分は優しいところがある、人に気配りもできる。でも、嫉妬が強いところがあって人によっては優しくできない時もある。**良いも悪いもいろんなところがあるけど私はこれで良い」というように自分の良いところも、悪いところも認めて受け入れる**という自己肯定感。二つ目の自己肯定感は**完璧でない自分を許して受け入れる**ということがポイントになってきます。

自己肯定感が高い人は、自分は価値がある人間だということを知っているので、愛されているということを感じやすい傾向があります。自分は親、友人、恋人にとっての大切な存在であるということを感じやすいのです。例えば、恋人が「愛しているよ」と言葉で告げるタイプでなくても、恋人の行動を見て『あの人は私のこと大切に考えてくれているんだろうなぁ。愛されてるんだなぁ』と思いやすいのです。

一方、自己肯定感が低いと人は自分の価値を上手く感じられていないために、愛されているということを感じにくい傾向があります。自分は人にとっての大切な存在だということを感じにくいのです。

例えば、恋人から「愛しているよ」という言葉を聞いていて、その時は心が温かくなり愛されていると感じていても、時間が経つと『本当に愛されているのかなぁ』という気持ちがもたげてきて不安になってしまいます。そして恋人に聞くのです。「本当に愛している？」と、すると恋人は「愛しているよ」と言ってくれるかもしれませんが、またしばらくすると不安になってしまいがちです。

心理分析的にこのことをみてみましょう。

自己肯定感が低いと、自分は愛されるにふさわしい価値がある存在だということについての自信がなく、それが心を不安定にさせてしまいます。その心を安定させるために、自分は愛されるにふさわしい価値がある存在だと知ることを、恋人からの言葉に依存している状態といえます。自分を肯定する感覚を内在していないので、外に依存するのです。

でも、その効果がきれると、また不安になるので外から補充しなければなりません。自己肯定感を身につけないとずっと不安なままなのです。また犠牲的な恋愛や人間関係を作りがちな傾向もあります。

自己肯定感の高い人は人から攻撃的な言葉や、否定的な言葉を受けてもダメージを受けにくい傾向があります。その言葉を真に受けなかったり、流したりして心に刺さらないようにできるのです。そして、その言葉でダメージを受けても立ち直りが早いです。

逆に自己肯定感が低い人は、人からの攻撃や否定的な言葉に弱く、落ち込みやすく、立ち直りにくく、引きずってしまいがちです。

例えば、自分は何をやってもダメな人間だと思っている、自己肯定感が低い人がいたとします。その人に「またミスしてるぞ。これで2回目だ！　ホントダメなやつだな」と意地悪なことを言う上司がいたとします。そうすると、自分はダメな人間だと思っているその人は、この否定的な言葉に心が同意をし始めます。『たしかに同じミスを繰り返して私ってダメな人間だよな……』と。

しかし、自己肯定感が高い人はこの言葉に心が同意をしません。『私は私で頑張っている。たしかにミスはしているけど、そこまで酷い言い方される言われはない』と。自己肯定感が高い人は、自分がそんなにダメな人間ではないと知っているので、否定的な言葉を振りかけられても、その言葉に同意せずに跳ね返せるのです。

片や愛を感じやすく、人からの攻撃や否定的な言葉を跳ね返せる人生。
片や愛を感じにくく、不安で、人からの攻撃や否定的な言葉の影響を受けやすく、それを引きずってしまう人生。

あなたならどちらがいいですか？
自己肯定感を高めるヒントをこの本でつかんで、自己肯定感を高くするのを目指していきましょうね。

自己概念のワナ

人は皆、いろんなマインド（心）を持っています。

優しいマインドもあれば、無邪気なマインド、攻撃的なマインドも持っているなど、持っているマインドは様々です。

いいかえると、天使のような優しい自分がいたり、子どものような無邪気な自分がいたり、怒りんぼうの自分がいたりと、いろんな自己を持っているわけです。

そう考えると、人は誰もが多重人格だといえるのです。

いろいろな自分がいて当たり前なのですが、私たちは、「私は優しい人だ」、「私は短気な人だ」など、「自分はこういう人間だ」と、自分を枠でくくりたがるところがあるのです。

あなたは、自分のことを、どんな人間だと思っていますか？

自分で、「自分はこういう人間だ」と思っていることを、心理学では、自己概念といいます。

自分で決めた枠に自分を閉じ込めていませんか？

私たちは、**自己概念に見合った振る舞いをする**傾向があります。

例えば、「だんな、もっと、頑張らんかぁー（怒）」と日々息巻いている人がいたとしましょう。この人は、そんな自分は鬼嫁だと思っているとします。「だんなには甘えさせん、ワッハハハー」というタイプの人です。

ある日、この人がテレビをつけるとロマンチックなドラマをやっていました。ロマンチックなドラマを見て、ハートが乙女になってしまいました。「ロマンチックな、あの感じいいわ～」って具合です。

ハートが乙女になったので、自分もドラマのようなロマンチックな雰囲気が欲しいのですが、ふだん『自分は鬼嫁だ』と自分のことを扱っているのに、そんな自分がだんなの前で急に乙女モードになるのは、何だか恥ずかしく感じてしまうのです。

『自分は庶民だ』と思っていると、庶民らしい振る舞いをしますし、『自分はセレブだ』と思っているとセレブらしい振る舞いをします。『自分はセレブだ』と思っている人がゴムが伸びきったジャージをはいて買い物に行ったりはしません。

自分で自分のことをどう扱っているかと、自分はどんな振る舞いを普段しているかはつながっています。逆をいえば、自分で自分のことをどう扱うかによって、振る舞い方も変わってきます。

より良い自己概念を持つことが、より良い自分でいられることへと、つながっていくのですね。

『自分は優しいところを、いっぱい持っている人だ』と思っていると、それにふさわしい振る舞いを普段からできるようになります。例えば、誰かが困っているのを見た時に、「何か手伝ってあげましょうか?」などの優しい行動をとるでしょう。自分は優しい人だと思っているのにもかかわらず、困っている人を見て「けっ、ざまぁみさらせ。ペッ!」なんてしたら自分のことを優しい人間だとは思えません。

『自分はまじめで頑張り屋さんだ』と思っていると、それにふさわしい、まじめで、頑張り屋の振る舞いをします。自分はまじめだと思っているのにもかかわらず、「人をだましておいしい思いをしよう、ウッヒッヒ」なんて行動はしませんよね。そんな行動をとったら、『自分はまじめで頑張り屋さんだ』と思えませんから。

「行動が自己概念を作るっていうこと？」、「自己概念が自分を作るってこと？」と疑問が浮かんだ人もいるでしょう。卵が先か、鶏が先かみたいな話ですね。答えは両方です。

どちらが先にしても、要は、自分がより良くなれるのに使える方法であればいいわけですから、それにはあまりこだわらず、まずはより良い自己概念を持ってみることに、こだわるといいでしょう。

自分の良いところを見つけて、自分は優しい人間だとか、自分は誠実さがある人間だなどの自己肯定感があがるような『自分は○○な人間だ』という自己概念を考えてみます。そして、日常的にその自己肯定感があがる『自分は○○

だ』と思うことを繰り返し意識していきましょう。日常的に意識していくと心に染みていき、やがてそれが心に定着するようになりますから。

謙虚さも見方を変えると……

日本人は謙虚さとか、つつましさを美徳とするところがあります。すばらしいことだと思います。

この謙虚さも度を超えてしまうと、謙虚さがごう慢さに変わることがあるのです。

例えばあなたがある女優さんと会うことがあったとします。前々から、かわいいとリスペクトしていた女優さんです。

「とってもかわいいですね」と女優さんに言うあなた。すると女優さんはこう言うんです。「いえいえ、そんなことはないですよ。全然かわいくありません。鼻も低いですし、目も細いですし、スタイルもよくありません。私なんて不細工のカテゴリーにはいっているほうだと思いますよ……」と。

するとあなたは「あなたが不細工って言うならあなたより鼻も低くて、目も細くて、スタイルもよくない私はどうなるのよ！」っと、あなたがリスペクトするほどのかわいさの人に言われると、そう突っ込みたくなってしまうかもしれません。

あんまり謙遜にされると、ちょっと嫌みチックです。

謙虚になりすぎて、相手が伝えてくれている価値を受け取らないと、相手から見て嫌みに変わることがあります。大げさにいうと傲慢です。もちろん、相手もそんなつもりではないと、わかっています。わかっていますが、嫌みに感じることはあるのです。

ですから、謙虚さもほどほどにして、相手が価値を伝えてくれた時は「ありがとう」と受け取ってみてください。それはあなたの魅力です。否定せず、素直に自分を認めてあげましょうね。

自分を否定ばかりしていませんか？

自己肯定感が低い人は、できていることよりも、できなかったことに意識を向けている傾向があります。

例えば、落ち込んでいる人に「頑張ってね」と励ましたところ「もうすでに頑張ってますよ」とキレぎみの声が返ってきたとします。

自己肯定感が低い人は、ここでできなかったことを見ます。『空気を読めず、いらないことを言っちゃったかなぁ。私って人の気持ちを読めずダメだよなぁ……』という具合に自分のできなかったこと、ダメなところに焦点を合わすのです。

でも、自己肯定感が高い人は同じシーンでも、できたところ、良かった点に焦点を合わせます。

『もうすでに頑張ってますよ！　って大きな声で言われてビックリしたけど、励まそうとして勇気を出して声をかけたことは良かったことだし、言い方に失敗しちゃったけど、人に思いやりを持ったこと自体は良いことだよね。良かれと思って言ったことでも、そう取られることもあると学んで、次は言い方に気を付けようと。頑張ったよね、私』という具合に、勇気を出して声をかけたことという自分のできたこと、人に思いやりを持ったことという良いところに焦点を合わすのです。

やった行為、起こったことは全く変わらないのですが、どこに焦点を合わすかで自己肯定感が低くなったり、高くなったりするのですね。

できたこと、良いところに焦点が合う癖を持っていない人は、できたこと、良いところを見ていこうと意識してやってみましょう。

最初のほうは、いままでのできていないこと、ダメなところに焦点が合う癖が出てしまうかもしれません、それでも何度もできたこと、良いところを見ていこうと繰り返して意識していくと、良いところに焦点が合う癖がしだいにできてきます。

そうなれば、こっちのものです。

時間がかかるかもしれませんが癖さえ作ってしまえば、あなたは自動的に自己肯定感が高まっていくでしょう。

意識しなくても、自動的にできたこと、良いところに焦点が合うようになり、あなたは自分を認めるようになり、自己肯定感が高まっていきます。

癖がつくまで1ヶ月くらいかかる人もいれば、1年くらいかかる人もいるでしょう。でも、癖さえ作ってしまえば、あなたの勝利なのです。

頑張ってくださいね。応援していますね。

自分にかけた呪いを解こう！

自己肯定感の低い人の中には、『価値がない自分がすてきな人に選ばれるはずがない』とか、『自分なんかが大きな幸せを望んでもそんなの手に入るわけがない』などと、自分に幸せがやってこない呪いを自分にかけることがあります。

潜在意識は、欲しいもののイメージをとらえて現実化していきますから、

『価値がない自分がすてきな人に選ばれるはずがない』と思っていると、それを証明するかのような人生が手に入ります。

いわゆるいい男と出会わないし、彼氏ができない状態です。

本当は、そういうことを望んでいるわけではなく、ただ、期待して傷つきたくないという思いから、『価値がない自分がすてきな人に選ばれるはずがない』と思うのですが、潜在意識は論理回路ではないので、そういうのが欲しいんだなと解釈して選ばれないという出来事が現実化していくのです。

自己肯定感が低い時は、自分にそんなにもすてきなものがやってくるはずがないという発想をしてしまいがちになるものですが、潜在意識が、誤ったものを現実化しないために、本当に欲しいものを考えて望んでいきましょうね。

あなたは価値があり素晴らしい存在なのです

自分の価値をちっぽけに扱っている人がいます。

自分の価値を過小評価しているのです。

自分の価値を感じる心が、何かで傷ついてしまったことが原因になっていることがあるのです。

幼いころ、親から「お前、ほんま、あほやなぁ～」と冗談まじりで言われたことがあったとします。

親としては冗談まじりで言ったつもりなのですが、それが冗談と理解できない子どもには、『自分はあほなんだ』、『自分はダメなんだ』、『自分は良くないんだ』、『自分は親に否定される存在なんだ』などなど、子どもの心が傷つくことがあります。

その傷ついた心の感覚で、自分を評価すると、自分の価値が小さく見えてしまうのです。傷がいっぱい入った眼鏡で物を見ても、正しく物が見えないようなものなのです。

心が傷つく原因は、人によって様々です。

友達から仲間外れにされた経験がある子は、仲間外れにされる自分は、きっと自分に何か悪いところがあるから仲間外れにされたんだと考え、そんな自分は、きっと良くない子なんだと誤解することがあります。心が傷つき、自分のことを良く思えない癖がついてしまうことがあります。

親が、あまり子どもを褒めない人で、「勉強のここができていないから、頑張りなさい」、「もっと優しい気持ちを持てるように、頑張りなさい」と、できていないところばかり指摘するタイプだったとします。親としては、子どもがもっと良くなるように、頑張れと応援しているつもりなのですが、子どもとしては、あまりにも「できていない」を指摘されるので『自分はできない子なんだ』と傷つき、誤解してしまうことがあります。

その傷ついた感覚のまま大人になると、自分はできない人だと自分を評価しがちになることがあります。

他にも心が傷つくことは多々あります。職場でのわずかなミスで、こっぴどく怒られて自信が傷ついてしまうこともあるでしょうし、彼や彼女に振られて自分は魅力がないんだと思ってしまうこともあるでしょう。

でも、それは誤解なんです。

傷ついて、自分のことをちっぽけに見てしまうことがあるかもしれませんが、**あなたには価値があり、あなたは素晴らしい存在であるということが真実**なのです。

もし、自分自身をちっぽけに扱っているようなら、自分の価値について誤解があるのかもしれません。

あなたには価値があり、あなたは素晴らしい存在であるという真実を知りましょう。

あまりにも、自分をちっぽけに扱うことになれてしまい、なかなか自分の真実の価値を見られない時は、人に真実の価値を見てもらいましょう。

まずは、信用ができる人がいいでしょう。あなたの価値をよく知っているような人がいいですね。わざわざ、厳しい人、ダメ出しをするタイプの人に聞きにいく必要はありません。それは傷つくだけですからね。

まずは、信用できる人、あなたの価値を知っている人に、自分の価値を伝えてもらい、自分の価値を知ってください。

「自分を大切にする」それだけで起こる奇跡

自分のことを大切にしようとする意識を持ちましょう。

自分のことを大切にできると、自然と他人を大切にできます。

逆に、自分を大切にしていないと、自分の身近な存在の人を大切に扱えないことがあります。特に、人は自分に近いポジションの人（家族、パートナーなど）ほど、自分と同じような扱いをする傾向があります。

自分に厳しく、多少苦しいことがあっても甘えちゃいけないと思う人がいたとします。このタイプの人は、ちょっとした知り合いとか、職場の人などの、自分からは遠いポジションの人には案外優しくできるんです。

「とても嫌なことがあったんだ」なんて遠いポジションの人が言っていると「無理しないでくださいね」などと、言ってあげることができます。

でも、同じことを自分に近いポジションの人が言うと、「弱音を吐かないで、頑張って」などと言ってしまうのです。

嫌なことがあっても弱音を吐かずに自分が頑張るように、あなたも頑張ってねと、知らず知らずのうちに自分と同じような扱いをしているのです。

自分に犠牲を強いていると、身近な人が犠牲的に何かをしていてもやめさせようと思う発想がでません。

何かを失敗したり、何かをうまくできない自分を罰しがちだと、身近な人が何か失敗したり、落ち込んでいる時に、優しい言葉をかけずに、「そんな考えだから失敗するのよ」と、相手を罰します。弱っている相手にとどめを刺すようなことをしてしまうんですね。このようなことは、自分でも気づかずにやっていることがほとんどです。

遠いポジションの人にはしないんです。近いポジションである身近な人にしてしまうのです。

自分から遠い存在の人ほど他人を感じられるので、自分と他人との区分けが明確です。逆に自分に近い存在ほど、自分と他人との区分けがあいまいになります。

親子関係なんかは、区分けがあいまいになりやすいので、親が子どもの人生を自分の人生のように扱ってしまったり、子どもの失敗をまるで自分の失敗のように感じてしまうようなことまであります。

自分と他人の区別があいまいなぶん、身近な人には自分を投影しやすく、自分と同じように扱ってしまいやすくなるのです。

そうすると、自分を大切にしていると身近な人にも大切にしやすいのですが、自分に厳しかったり、自分を責めていると、身近な人についつい厳しくしてしまったり、自分を責めるように身近な人を責めてしまったりします。

しかし、**本当に大切にしなければいけないのは、身近な家族だったり、パートナー**なんです。**本当に大切にしなければいけない人を気づかないうちに粗末に扱ってしまわないように、自分を大切にすることが、大切**なのです。

自分に優しくしていると、遠いポジションの人だけではなく、身近な人にも自然と優しくできます。

自分を追い詰めたり、無理をさせないように自分に優しくしていれば、「とても嫌なことがあったんだ」という身近な人に、遠いポジションの人に言ってあげるのと同じように「無理しないでね」と自然と言ってあげられます。

自分を犠牲にしないように心がければ、身近な人が犠牲を強いられているのに気づいた時に、「犠牲にならないでね」と、止めてあげようと思います。

何か失敗があった時に自分を責めず、そんな自分を許すことができれば、身近な人が何か失敗をした時に、「そんな考えだから失敗するのよ」などと相手を追い詰めるような言葉をかけずに、「そんなこともあるよ、次に頑張ったらいいのよ」と自然と優しい言葉をかけてあげられます。

失敗したり、うまくできない自分を責めずに許せるように、相手の失敗に対して、責めずに、寛容な気持ちで接することができるのです。

大切な人を、自然と大切に扱えるために、まずは自分を大切に扱いましょう。

大切な人を大切にできるということは、幸せなことなのですから。

大切な人のためになるならと思うと、自分を大切にできる人が多いです。自分を大切にしてみようと思っていくことで、自己肯定感が高まっていくでしょう。

自己肯定感と人間関係

人間関係が行き詰まる「ねば」「べき」「ない」

「？」と思ったかもしれませんね。パッとみたら、何かの呪文みたいです。呪文は呪文かもしれません。私たちの心を固くする呪文です。

女性はこうあらねば、男性はこうするべきだ、パートナーだったらこうしなければいけない、上司はこうあるものだ、などなど。私たちは、語尾に、ねば、べき、ない、という言葉がついたものをいくつも持っています。

この言葉がついたものを持つことは悪くはないのですが、あまりにも「○○しなければならない」という気持ちが強くなると、その気持ちが私たちの心を固くしてしまいます。

例えば、人付き合いには失礼のないようにしなければならないと思っている人がいたとします。とてもいいことですよね。ただ、この〝しなければ〟という思いが、あまりにも強くなりすぎると、緊張感や、プレッシャーを作ってしまいます。

『失礼のないようにしなければ、しなければ、しなければ、しなければ……』と思うと、ちょっとしんどいです。フランクさも失われます。固いお付き合いになるかもしれませんね。

そして、この〝しなければ〟の気持ちが強いと、上手くできない時に、失敗感をたくさん感じたり、自己嫌悪の原因になります。

人付き合いには失礼のないようにしなければならないと意識していても、人間ですから、ポロッといらぬことを言ってしまったり、挨拶が抜けたりと、何らかのミスをすることはあります。人間ですからそれは当たり前のこと。

しかし、〝しなければ〟という気持ちが強いと、上手くできなかった自分を責めてしまいます。『ミスすることもあるさ』とか、『まぁ、仕方がないか』とは思えないのです。そして自分を否定しはじめるので自己肯定感が低くなってしまうのです。

〝しなければ〟という気持ちが強いと、それをしていない人を見た時に腹が立ちます。人には自分が禁止していることを平気でしている人を見ると、怒りを覚える心理があるのです。

失礼のないようにしなければならないという気持ちが強い人は、初対面でもフランクに話しかける人に腹が立ちます。「初対面なのに失礼な（怒）」というわけです。

フランクが悪いわけではないはずなのに、失礼のないようにしなければならないという気持ちが強いと、そのルールに反しているように見えるので腹が立つのです。

このルールは個人のルールで、人それぞれ、◯◯しなければならない、◯◯するべきでない、と持っているルールは人それぞれ違います。個人のルールは、個人の常識ともいいかえられるもので、ある人は常識と思っていることでも、ほかの人にとっては常識ではなかったりします。

人それぞれが持っている個人のルールのことを、心理学では「観念」と呼んでいます。

観念は悪いものではなく、社会で上手くやっていくために、失敗しないように、恥をかかないようにするために身についたものがほとんどです。

役に立つものではありますが、あまりに○○しなければならないという気持ちが強いと、その気持ちに縛られてしまい、柔軟さが失われてしまいます。

『○○しなければならない』と思うのをやめて、『できたら○○したいなぁ』くらいに緩く思っておこうとしていくと、自分を否定することが減り自己肯定感を損なうのを防げるでしょう。

人を許すことで自分にゆとりができます

私たちは、誰かに怒っている時に、怒っていることが原因で自己嫌悪になってしまうことがあります。

あなたが誰かに怒っていたとします。会社の部長に怒っていたとします。

「ちょっとしたことで、部長はすぐ怒る。ホント小っちゃい男！」と部長の

〝すぐ怒る〟という要素を嫌ったとします。

そして、あなたが後輩を持ったとします。とてもドジな後輩を持ち、あなたの足をひっぱるんです。「先輩、またミスっちゃいました」。

後輩の後始末ばかりで自分の仕事ができません。「もう、何度言ったらわかるの（怒）」。あなたは後輩に怒ってしまいました。

そんな時に自己嫌悪をしてしまいます。ちょっとしたことですぐ怒る部長のことを、小っちゃい男と嫌っているにもかかわらず、部長と同じように、ちょっとしたことで後輩を怒ってしまった自分を嫌ってしまうわけです。『こんなことで怒る私って、小っちゃいなー』という具合に自己嫌悪になってしまうわけです。

「人を呪わば穴二つ」といいますが、嫌った相手だけではなく、嫌った相手と同じ要素を持つ自分を嫌ってしまうわけですね。

私たちは、自分を嫌ったり、責めたり、自分を否定する生き方をしないために、そして**自分をもっと好きになるために**、**誰かを許す**、**つまり**、**相手を認め**、**肯定する必要がある**わけです。

絶対に人を許さねばならない、ということではありません。

でも、人を許すことで自分をもっと好きになれたり、嫌な気持ちから抜け出せたり、許すことが、自分のためになりそうであれば、ぜひとも許し上手になることにチャレンジしていただきたいなと思います。

許すと心が緩みます。緩んだ心はやわらかくなり、心にゆとりができます。

そして、もっと自分を好きになれることでしょう。

許し上手への道① 理解してみます

誰かを許そうとする時は、まずその誰かのことを理解することに意識を向けることから始めます。**理解をすると、相手を許しやすくなりますから。**

「なぜ、与えられなかったのか？」「なぜ、できなかったのか？」「なぜ、そんなことをしたのか？」などなど、いろんな角度から、相手のことを理解する目を向けてみるのです。

例えば、「お母さん、厳しすぎる（怒）」と怒っていたとしましょう。そのお母さんに理解の目を向けてみるのです。

お母さんは、なぜあんなに厳しいんだろう？　なぜ甘えを嫌うんだろう？　という具合です。

そうすると、『お母さんは、小さいころに両親を亡くして、一人で何でも頑張ってきたって言ってたなー。お母さんは甘えたことがなかったし、自分に厳しくしなければ大きくなれなかったから甘えを嫌うのかな……』と見えてくるかもしれません。

そうすると、厳しすぎるというのは良くないのかもしれませんが、厳しくする理由はわかるし、わかれば受け入れやすくなります。

理由がわかれば、『そうだとしたら仕方がないな』と少し優しい気持ちになれるのです。

「お父さんは『勉強しろ、良い学校に行け』とうるさくて嫌だった」と怒っていたとします。お父さんはなぜ、学歴にこだわったんだろう？　と理解の目を向けてみます。すると『そういえば、お父さん、中卒で苦労したって言ってたな……。もしかしたら学歴を手に入れろというのが子どもに苦労させたくないという、お父さんなりの愛情のあらわれだったのかなぁ……』ということが見えてくるかもしれません。

勉強しろと押しつけたことは良くなかったかもしれません。良くなかったけど、理由があったとしたら、子どもに苦労させたくないという愛情だったんだということが見えてきますね。

批判するだけでなく、理解することに意欲を持ってみましょう。

批判するのは簡単なことですが、その相手を理解することは難しいことです。もし、理解の目を向けることができた時は、そんな自分を誇ってください。怒りを持っている相手のことを理解してみようとしたことは、すごいことなのですから。心が成熟している証だと思います。

許し上手への道② 受け入れてみます

理解すると相手を受け入れやすくなります。

例えば、「親は私のことを褒めてくれなかった！　否定的だった！　と怒っていたけど、親も子どもの時に褒められたことがなかったから、どう褒めていいかわからなかったんだ。親も否定されて育ってきたんだ」と、相手のことを十分理解する目を持てたとします。

するとその事情を知った時に、相手を受け入れやすくなるでしょう。

理解の次は、相手を受け入れてみることに意欲を持ってみましょう。

許し上手への道③ 許す意欲を持ってみます

十分、理解して、受け入れたら、許しやすくなります。

理解して受け入れたら、今度は許すことに意欲を持ってみましょう。

ここで大切なポイントは、許してみようと思うこと。許せる自信がなくとも〝みよう〟と思ってみることが何より大切。

許せないというように〝ない〟と決めてしまうと、許せなくなってしまいますから。

〝みよう〟と意欲を持ってみることが、心を変容させるきっかけになります。

上手く許せない時もあるかもしれません。そんな時は、何度も何度も許そうとしてみてください。

許せるようになるために、もう一回、理解や、受け入れることを深めていくのも良い方法です。

許すことができると、怒りのエネルギーから解放され、楽なエネルギーで過ごせます。許し上手なあなたは寛容でやわらかく、誰からも愛されるのではないでしょうか？

許し上手は愛し上手でもあります。人を責めず愛します。また人を責めない人は愛されます。幼い子どもって許し上手なんですよね。「パパなんか嫌い」って怒っていても、30分後には「パパ大好き」って言ってたりするんです。許すからパパを愛せるし、そして愛させるチャンスをパパに与えてあげます。

許し上手になって、人を愛して、人から愛されるチャンスをもっともっと増やして幸せになりましょう。

許し上手な自分って心が広くてステキじゃありませんか？

許し上手になれると、いまよりもより自分のことを良く思えるのでしょう。

「愛してるよ」で安心できないわけ

愛をいっぱい確認したくなる時は、もしかすると自己肯定感が低いあらわれかもしれません。

例えば……。

「私のことを愛してる？」と聞く女性。

「愛してるよ」と彼。

彼のその言葉で心に温かい気持ちがにじみ出てくる女性。

それから1分20秒後、

「さっきの言葉、本当？」と女性。

「もちろん本当さ」と彼。

彼のその言葉にほっとする女性。それから1分すぎぬうちに、

「本当に好きなの？」

「大好きだよ」

そして1分10秒後くらいに……。

という具合に、何度も彼に本当に愛されているのか確認する行為をする女性がいたとします。

「愛しているよ」と言葉を聞くと、ホッとするのですが、それもつかの間、再び本当に愛されているのかが不安になってしまい、彼に確認をするというタイプの女性。

この感じだと100万回「愛してるよ」と言われても、本当に愛されているのかが不安になりそうですね（笑）。

1分ごとに不安になって「私のことを愛してる？」と聞くというのは大げさな書き方をしましたが、浮気もしない誠実な彼で、愛情表現をしてくれる人であっても不安になってしまって、何度も愛しているという確認をしてしまうというお話を聞かせていただくことがあります。

不安になっちゃう時はしんどいですよね。できれば、本当に愛されているの？　という不安は出てこないほうがいいですよね。

そして何度も「私のことを愛してる？」と聞くと、彼氏もうんざりしてしまうかもしれませんよね。

だったら言わないように我慢することを頑張らなくちゃいけないのか？

そうではないんです！

エネルギーを注ぐポイントは我慢することを頑張ることではないんですね。

先ほどの100万回「愛してるよ」と言われても不安になってしまいそうな女性を心理分析すると、自分は愛されるにふさわしい価値がある存在ということに自信がなく、それが心を不安定にさせてしまっています。

そして、心を安定させるために、自分は愛されるにふさわしい価値がある存在だと知ることを彼の言葉に依存している状態といえます。

自己肯定感の低さから彼に何度も「私のことを愛してる？」と聞いていたわけですね。

だとすると、**エネルギーを注ぐポイントは、〝自分は愛されるにふさわしい価値がある存在だ〟ということを知ること**になります。

それができると、彼からの「愛してるよ」の言葉に依存しなくても心が安定するようになるのです。

〝自分が愛されるにふさわしい価値がある存在だ〟ということを知ることができると、彼からの「愛してるよ」の言葉がなくても心が安定する（つまり、不安にならない）だけではありません。

彼からのちょっとした愛情表現で「愛されている」というのをビンビン感じられるようになります。

「愛してるよ」と言われなくても、例えば、車で駅まで送ってくれる、手をつなごうとすると握り返してくれる、「寒くない？」「お腹すいていない？」などの、ホンのちょっとしたことで『愛されているんだ』ということを感じられるように心のシステムが変わってきます。

だから、〝自分が愛されるにふさわしい価値がある存在だ〟ということを知ることを目指してみませんか？

あなたには〝愛されるにふさわしい価値〟はきっとありますから。

まずは自分の良いところを、自分で見つけていくことからしてみるといいかもしれません。

「私には愛される価値がある。なぜならば◯◯という良いところがあるから」

この○○にあてはまるあなたの良いところを見つけてください。

そしてこの文章を心に染み込ますつもりで1日10回唱えてみましょう。

そうやって自分の価値を心にインプットしていくんですね。

100万回「愛してるよ」と言われなくても、ホンのちょっとしたことで『愛されているんだ』と感じられるようになっていきましょう。

どうしても相手の反応が気になる時は

私たちは、誰かを愛したい、誰かの役に立ちたい、誰かを助けたいというような、誰かに何かを与えたいという気持ちを持っています。それは愛があるからです。

しかし、与えることを惜しんだり、与えることをためらうことがあります。

なぜでしょう？

そういう時は、傷つきたくないという気持ちが働いているのです。

誰もが傷つくことは恐いです。与えたいけど拒絶されたり、受け取ってもら

えなかったりすることを恐れてしまいます。

例えば、電車のなかでおばあさんが立っていたとします。『立っているのは、きっと、しんどいだろうな』と思ったので、おばあさんに善意の手を差し伸べるつもりで「どうぞ」と席を譲ろうとしたとします。すると、おばあさんにこう言われました。「年寄り扱いしないでください。失礼な」と。善意のつもりで言ったのに、もしこう言われたとしたら少しショックだと思いませんか？

それは心が少し傷つくからです。心理分析的ないい方をすれば、助けてあげたいと思う気持ちを拒絶されたかのように心が感じ取ってしまい、傷つくのです。

知り合いが悩んでいそうな時に、「どうしたの？　もし、よかったら相談にのろうか？」と声をかけるのって結構難しいと思いませんか？　相手の心に踏み込んでいって、相手を傷つけたくないと思う人がいるかもしれませんね。

また、相手がそういうことを望んでいないのに、声をかけて相手に嫌がられたくないというのもあるかもしれません。後者のこの場合は傷つきたくないという恐れの心理なんです。

私たちの心は愛を受け取ってもらえた時にうれしい気持ちになり、受け取ってもらえなかった時に傷つきます。

だから、与えることを惜しんだり、ためらったりするのです。与えたくないわけではなく、受け取ってもらえないかもしれないことが恐いのです。普段の生活では意識しませんが、心は傷つきたくないという恐れを感じているのです。「結構です」。これは、ただ、お断りをしているだけの言葉ですが、人によっては拒絶感を感じます。過去に拒絶によって傷ついた経験がある人は、特に拒絶されることに敏感になってしまいます。また拒絶されたと感じやすくなります。

でも、**愛を与えることをしていくと自己肯定感が高まっていきます。愛することを恐れないでください。勇気がいりますが、愛することを恐れない心を持とうと思ってみましょう。**

相手は受け取ってくれないことがあるかもしれません。受け取れないのは相手にも都合がありますから、それは仕方がないことです。愛することを恐れないためにも、相手が受け取ってくれない時は、『いまは、いらないんだな』とだけ受け止めましょう。

マザー・テレサは「私は、親切にしすぎて間違いを犯すことのほうが、親切と無関係に奇跡を行うことより好きです」と言いました。

私はこの言葉が好きです。私も、愛することを惜しんだり、ためらうことがあります。でも、できれば恐れずに誰かを愛する自分でいたいなと思います。そうできた時は、自分のことを誇りに思います。


人は誰もが完璧ではありません。時には人を愛せないこと、愛することをためらってしまうことがあると思います。それはあって当然です。人がすばらしいのは、そんな時でも人を愛そうと選択ができる強さを持っていることだと思います。

カウンセリングで、傷ついたことがあったにもかかわらず、「私は、やっぱり人を愛したい」と愛することをやめない選択をされた人と多くお会いしました。お会いした方々から、人が誰かを愛そうとするすばらしさ、美しさ、強さを教えてもらいました。

あなたが誰かを愛そう、与えたい、助けたい、と思った時は、そんなすばらしい気持ちを持った自分を誇ってくださいね。

すると、また一つ自分を認められて、自分を好きになれるでしょうから。

愛を取引すると、あなたが傷ついてしまいます

相手のために与えようとしたにもかかわらず、受け取ってもらえない時に傷つくことがあります。

パートナーにもっと愛されたいと思っている女性がいたとします。愛される女になろうと思ったので、彼が喜ぶことをしようと考えました。

一生懸命、自分なりに彼に喜んでもらえるようなことを考えた結果、『そうだ！　お掃除をしてあげよう。忙しくて掃除をする暇もないって言っていたから、掃除してあげるって言ったら喜ぶぞー』。そう考えた彼女は、彼にそのことを伝え、喜ぶ彼の姿を期待しながら休みの日の朝に彼の部屋に行きました。

起きたばかりの眠そうな彼が出てきて、「ふぁ〜、おはよう」と少しあくび

をしながらのご挨拶。眠そうな彼を横に彼女は一生懸命掃除をしました。掃除機をかけ、床を磨いてあげ、洗濯までしてあげました。彼のおうちはピカピカです。

「お、終わった。どう?」と聞く彼女。

「綺麗になったねー」という彼。

掃除が終わり、午後は、いつもと変わりなく穏やかに二人で休みの日を過ごしました。しかし、彼女は内心不満を感じながら、休日の午後を過ごしたのでした。

さて、彼女はなぜ不満を感じたのでしょう?

1. 朝、早起きして掃除にいってあげたのに彼があくびをしていたから。
2. 一生懸命掃除をしてあげたのに、掃除が終わった時の彼の返事がイマイチだったから。
3. 一生懸命掃除をしてあげたのに、いつもと変わらぬ午後の休日だったから。

この問題は、少し難しいかもしれませんね。

答えは、全部です。意地悪な問題でしたね。

彼女がなぜ不満を感じたかというと、掃除をすると聞いたら喜んでくれると期待したし、愛してもらうために掃除をしようとしたからです。

これには、『何かをしたから愛してね』『私のことを認めてね』という心理が隠れています。

つまり、認めてもらうために何かしたのにもかかわらず、期待したものをもらえなかったからです。

これは愛を与えているのではなく、愛をもらおうとしています。もらおうとしているので傷つくのです。

私たちは、与えているようで、もらおうとしていることがあります。

与えているようで次のような気持ちが隠れている時は要注意です。

- これをしてあげたら、愛してもらえる
- これをしてあげたら、褒めてもらえる
- これをしてあげたら、認めてもらえる

・これをしてあげたら、感謝してもらえる

こういう気持ちがあるなぁと知りながらやっている人もいますが、自分でも気づかずにしている人もいます。注意深く自分の心を見つめないと、なかなか気づきにくいものなのです。

大切なのは気づくこと！

気づかないでやっているのと、気づいてやっているのでは違います。気づかずしている時は、なんで傷つく出来事が起きているのかがわかりません。だから傷つく出来事が何度も繰り返し起こります。でも、気づくことができたら、考え方に修正をかけることができます。修正をかけられたら傷つくことがなくなります。

もらおうとした時は、期待したものをもらえないことに傷つきます。

あなたが傷つかないために、もらおうとしている自分がいると気づいた時は、もらうためではなく、ただただ相手のために、愛を与えようと選択してみましょう。

愛は取引をしません。「これだけするから、これだけしてね」と取引をすると、傷つきます。

与える時には、ただ純粋に愛情から与えようと思うことが与える時のコツなんです。

つねに完璧に無償の愛を与え続けることは、難しいことかもしれません。しかし純粋に相手のために愛を与えようと意識していくと、そうできるような自分になれるでしょう。

あなたが傷つかないためにも、ただ愛することを選択してみましょう。

認めてもらえないと感じている人へ

時に私たちは、認めてもらえないということに不満を持つことがあります。

「私のことを、認めていない（怒）」

という具合に不満を持ち、怒ってしまうことがあります。

確かに、認めてくれていないと感じると、不満が出ますね。腹が立つ気持ちはわかります。当たり前の反応だと思います。

不満が出てきて当たり前だと思いますが、あえて次のことを考えてみましょう。

あなたはいまの自分を認め、肯定することができていますか？

もしかすると、自分で自分のことを認められていないから、相手に認めて欲しいを求めすぎてしまっているのかもしれません。そして思い通りに認めてもらえないことで腹を立てているかもしれません。

あなたが自分を愛し、自分を肯定することをしていくと、〝人に認めて欲しい〟と思うことは減り、不満を持つこと、腹が立つことも減っていくでしょう。

そうすると人間関係がより楽になるでしょうね。

普段は自立的なのに、なぜ恋愛は依存的になるのか

依存的な恋愛にはまる人を見ていくと、恋愛以外の関係（職場、友人関係など）でも依存的なタイプの人と、恋愛以外では自立的なタイプの人に分かれます。

しかも、結構自立度が強いタイプの人だったりします。

普段は人にあまり頼らず、自分の力で物事を解決したがるタイプだったり、人から頼りにされたり、自分はどうしていきたいかをしっかり持っているタイプの人です。

なぜ、自立的な女性が、恋愛関係だけは依存的になるんでしょう？

それは、心が自立と依存のバランスを取っているからです。

振り子時計ってご存じですか？　時計の下で振り子がチックタック、チックタックと動いている時計です。あの振り子は、右に振った振り幅と同じ量だけ、左に振ります。

この振り子の右側を自立、左側を依存、と考えてみてください。

普段は、自立的なので振り子を右に振ります。しかも自立度が強いので思いっきり振ったとします。思いっきり右に振った振り子は、今度は同じ量だけ左側に振ります。

この思いっきり振った依存の量を、何かの関係で解消しようとします。普段自立的な女性が甘えたり、頼ったりと依存できる対象を恋愛で見つけると、振り子が一気に左に振りきり、依存的な恋愛に走ります。

このタイプの人は、自立が必要なのではなく、恋愛以外の関係でも、人に甘えたり、頼ったりできるように、自立を手放していくことがテーマになります。

振り子が右の自立側に振る量を小さくしてあげるのです。

そうすれば、バランスを取るために振り子が左の依存側に振る量が小さくなっていきますから。

自立を手放すことを最初にスタートさせていって、次に恋愛での依存を手放していきます。恋愛で与えていくことや、愛するモードの自分になれることを、テーマにしていくのです。

そうして、依存的な恋愛から脱出していきます。

愛し方にも違いがあることを知ろう

あなたとパートナーの好みのツボが違っていた時、愛し方のずれが出てきます。

あなたが言葉を使って愛を囁《ささや》かれるなどの、聴覚的に刺激をされることが好みのタイプだと、パートナーを愛そうとする時に聴覚に訴える形で愛を表現しようとします。「いつも大事に思っているからね」という具合に。自分がしてもらうと嬉しい愛し方で、人を愛そうとするのです。このことを心理学では投影といいます。

しかし、相手が抱きしめられるなど、体感覚に訴える形で愛されたいというのが好みのタイプなのに、あなたがパートナーを愛そうとし、聴覚に訴える形に愛を表現しても『そんなことより抱きしめて欲しいのになぁ』と相手は感じているかもしれません。

逆に相手が、あなたを愛そうとして何も言わずギュッと抱きしめたり、あなたに触れてきても、聴覚のツボを突いて欲しいあなたはピンとこないかもしれません。

それどころか『もしかして体目当て？』と思うかもしれないし、『私のことどう思っているの？　ちゃんと言ってくれないとわからない』と聞きたくなるかもしれません。

自己肯定感が低いと相手なりに愛そうとしてくれているとは発想せずに、自分は愛されていないという発想になってしまいがちです。

しかしそうではなく、相手と私の愛し方が違っているので私がピンとこないだけで、相手なりに愛そうとしてくれているんだという見方をしてみましょう。

そうやって相手なりに愛してくれているということを知ると、自分が愛される価値のある存在だと知ることとなり、自己肯定感を高めていけるでしょう。

ここでポイントが3つあります。

1つめのポイントは、相手が自分の押して欲しいツボではないところを突いてきた時は、愛がないわけではなくて、愛し方が違うんだなと解釈すること。

パートナーとあなたの愛の表現方法が違うだけであって、愛がないわけではなく相手なりに愛そうとしてくれていることを理解すること。

2つめのポイントは、理解した上で、相手が自分の押して欲しいツボを突いていない時は、せっかくだったら愛されていると感じやすい愛し方をしてもらったほうが心地が良いので、話すタイミングを見計らって、自分はどうしてもらうとうれしいかを相手に教えてあげること。

3つめのポイントは、自分ばかりこうやって愛して欲しいと求めてばかりでは、パートナーシップは上手くいきませんから、あなたも相手が喜ぶツボを突いてあげられるよう、どう愛してあげるといいか、相手をリサーチすること。わからない時は相手に直接聞いてもいいと思います。

言わずともわかって欲しいと思うかもしれませんが、言わないと一生気づいてくれないかもしれません。伝えてみましょう。

言い方にもよると思いますが、相手が一生懸命愛してくれている真っ最中に、私はこうしてくれるとうれしいと伝えると、相手は自分の頑張りを否定されているように感じてしまうかもしれないので、タイミングには注意しましょう。

カップルカウンセリングをしていると、男性は、「どう愛して欲しいか、言ってくれないとわからない」と主張することが多いように思います。それに対して、女性は、言ってから、やってくれるんだったら意味がないという人が多いです。

二人の溝を埋めるために、そして自分が幸せなパートナーシップを手に入れるためと思って、どう愛して欲しいかを言葉で伝えて教えてあげましょう。

自己肯定感を高めて変わったケース①「助けて」が言えるように

Ａさんは自分のことは自分でやらねばと思っている人でした。

だから、弱音も吐かず、たいへんな時でも人に頼らず、一人で頑張るという生き方をしていました。

そんなＡさんの仕事量はどんどん増えてきている状況でした。残業して終電で帰る日もざらにありました。

それでも、Ａさんは弱音を吐かず、同僚にも頼りませんでした。

しかし、どうしても仕事を期日に間に合わせるには、同僚に助けてもらわなければいけなくなりました。

自分のことは自分でやらねばと思っていたのに、頼ってしまい、同僚に迷惑をかけてしまったとＡさんは申し訳なさを感じました。

『もっと頑張っていれば人に迷惑かけなくてよかったのに』

『期日に間に合うように時間管理ができなかった自分がダメだ』

『自分の効率が悪いから間に合わなかったんだ』

自分を否定する気持ちがいっぱい出てきました。終電で帰る日がいつも以上にあったぐらい頑張っていたのに、Aさんは自分を否定することばっかりでした。

これは、今回の同僚に助けてもらった話だけではなく、Aさんには誰かの力を借りる時に自分を否定するというパターンがありました。

人は一人で生きられることはなく、どこかで誰かに助けてもらうことが出てきます。

その度にAさんは自分を否定することが出てくるのです。

そして自分のことは自分でやることが当たり前と思っていたので、いくら頑張っても、自分のことを自分でするのは当たり前のことをしたまで、という評価になり、『今回の自分は頑張った。よくやった』と自分を認めることがなかなかできませんでした。

自分を肯定することが少なく、自分を否定することが多くなるマインドになっていたので、精神的なしんどさを抱えていました。そして自己肯定感も低いものになっていました。

カウンセリングで、なぜ自分のことは自分でやらねばと思ってしまうのかを一緒に考えていきました。

すると、そのマインドができたのは、Aさんの子どもの頃にあるとわかりました。

子どもの頃、両親が離婚し、Aさんはお母さんに育てられることになりました。お母さんはAさんを育てるために夜遅くまで働いていました。

そんなお母さんを見て、子どもの頃のAさんはお母さんに迷惑をかけてはいけない、自分のことは自分でやらねばと思っていったのです。優しい少年Aさんはお母さんの負担にならないよう、負担にならないようにと思うようになっていきました。

だから学校で、友達と上手くいかないなどのつらいことがあっても、お母さんに話すことはありませんでした。話すとお母さんが心配して、お母さんの負担が増えると思ったから。それくらいお母さんの迷惑になりたくなかったのです。
そしてその少年時代に作ったマインドがいまも使われていたのです。

そのマインドを変えるべくインナーチャイルドワークというセラピーをしてきました。

瞑想をしてイメージの中で、Aさんの心の中でいまも自分のことは自分でやらねば、お母さんに迷惑かけたくないと思い頑張っている子どもの頃のAさんに会いにいきました。そして「お母さんを助けるために頑張ったね。でも、もう人を頼っていいんだよ。一人で頑張らなくていいんだよ」と言ってあげました。

それからのAさんは人を頼れるようになっていきました。人に助けてもらった時は迷惑かけてごめんなさいではなく、助けてくれてありがとうと思えるようになりました。

そして『今回は、自分は頑張った。よくやった』と自分を認められるようになり、自分を肯定できるようになりました。

自分を肯定できることが増え、自分を否定することが少なくなったAさんは心が軽くなり、生きやすくなりました。

Aさん、いままでいっぱい頑張ってきましたね。これからもいっぱい自分を肯定してくださいね。

自己肯定感を高めて変わったケース② ダメンズとはおさらば！

B子さんにはつきあっている人がいました。彼は浮気をする、よく嘘をつく、暴言を吐くという、いわゆるダメンズ。

ある日彼の浮気が発覚し、そのことを彼氏に追求をすると、彼は「君は女としての魅力がないから俺が浮気をしてしまうんだ」と訳のわからない暴言を吐く始末。

でもB子さんはそんな彼の言葉に、私がダメだから彼が浮気をしてしまうんだと受け入れてしまうのでした。

それからも彼は何度も浮気をして、その度に浮気の原因は彼女にあるという暴言。B子さんもその度に、私がダメだから彼が浮気をしてしまうんだと受け入れてしまうのでした。

でも、B子さんは浮気の度につらい思いをして、傷ついていました。

彼の浮気につらい思いをしているB子さんは、この苦しい恋愛がなんとかならないものかとカウンセリングにお越しになりました。

カウンセリングをしていてわかったことは、B子さんは子ども時代、母親の言うとおりにお手伝いをしようとして、母親の望むレベルのお手伝いができないと「あんたはホントいらいらさせることをする子だね」と言われることが多かったそうです。母親からの否定的なメッセージをたくさん受け取ってきたために自己肯定感が上手く育たず、大人になっても自己肯定感は低いままでした。そのことがB子さんの恋愛を苦しいものにしていたのです。

彼氏が浮気をしても、自己肯定感の低さから『私はそんな不誠実な扱いや、暴言など言われる粗末な扱いをうける必要はない。私はもっと尊重され、大事にされる価値がある』という怒りが沸いてこず、彼の言い分をすべて受け入れ、彼にそう思わせる自分が悪いんだと思うようになっていたのです。

カウンセリングでは、自己肯定感が傷ついた大元の、子ども時代の傷を癒やすということをしていきました。インナーチャイルドワークというのですが、瞑想で傷ついた子ども時代のB子さんをイメージをしていき、大人のB子さんが子どものB子さんに向かって、「あなたは役立たずじゃないよ。あなたは、3人の子育てでいっぱいいっぱいになっているお母さんを助けようと、お手伝いをいっぱいした優しい子だよ」といたわり、価値を伝えるということをしていきました。

傷ついた自分の過去に、愛を持って接することで心を癒やしていったのです。

心を癒やすと、B子さんは自己肯定感が高くなっていきました。自分は人から大切にされる価値ある存在なんだと思えるようになりました。

すると次に彼がまた浮気をして、それをB子さんのせいにする暴言を吐いた時は『私はこんな粗末で大事にされない扱いを受ける必要はない』と正当なる怒りが出るようになり、浮気の原因をB子さんにするという暴言をいままでのように受け入れることはしないようになりました。結果、彼とは別れました。

その後のB子さんは、いくら男前でも、いくらお金を持っていても、自分を傷つけるようなダメンズには興味を持たないようになりました。

そして、〝自分は人から大切にされる価値ある存在なんだ〟と思うにふさわしい、B子さんを大切にしてくれる男性をパートナーにすることができました。

B子さんお幸せに。

2章

あなたが自己肯定感をもつために

――いまの自分を受け入れてみよう

あなたを縛っている心のルールを手放しましょう

心のルールが強いと自己否定する機会が多くなります。

自分で自分を縛らないために、この自分を否定することを少なくし、自分を肯定できることを多くするために個人のルールを手放してみましょう。自分で自分の枠を作っている心理から解放されるのです。

もしかしたら、個人のルールを手放す時に疑問が出てくるかもしれませんね。例えば、「何ごとも、頑張ってやり抜くべきだ」という個人のルールを手放すと、頑張らない怠け者の私になるのではないか？　堕落するのでは？　ダメ人間になるのでは？　というような疑問が浮かびます。

実際はそのようになることはありません。ただ、「頑張るしかない」という選択肢が一つしかない状態からルールを手放すと、「頑張りたい」と「でも時には、頑張れないこともあるな」という選択肢があるうえで、「でも、できたら頑張りたい」を選択できるようになるだけです。

「頑張るしかない」という選択肢が一つしかない時は、体や心が疲れている時も、頑張るしか選択肢がないので無理をしてしまいます。そして、頑張れない時には、『何で、頑張れないんだ』と頑張れない自分を否定して責めてしまいます。このように選択肢がない状態は、精神的に自分を追いつめやすい心理状態を作ります。

逆に、「頑張りたい」と、「でも時には、頑張れないこともあるな」という選択肢がある状態は、体や心が疲れていて頑張れない時は休むことができ、自分を追いつめません。『自分なりに疲れるまで頑張ったんだなぁ。私よくやったね』と自分を肯定できます。

元気な時には頑張ろうとするように、時と場合によって柔軟に選んで対応できるので、精神的に自分を追いつめたり、責めたりすることがなくなります。**自分を縛っていた個人のルールを手放すと、心を縛っていたものから解き放たれて、心が自由で楽な感覚になります。**

あなたを知らず知らずのうちに縛っている、個人のルールを手放してみましょう。

そして、より自分を肯定できる機会を手に入れましょう。

あなたの良いところはどこですか？

私たちは、成長したいと思う時に、短所や、弱点を見つけて、そこを補い、鍛えて、成長しようとするところがあります。

学校で通信簿をもらい、国語が3、算数が4、理科が2、社会が3の成績だったとします。すると、成績が2だった理科を次の通信簿をもらう時に、もっと良くなるように頑張ろうと考えます。良かった算数を伸ばそうと考えずに、ダメだった理科を補い、鍛えようとするのです。

同じように、私たちは、自分の良いところを伸ばして成長しようと考えず、短所を克服して成長しようと考えます。

だけど、**短所を埋めて成長しようとするよりも、長所を伸ばして成長しようとするほうが実は成長しやすいのです。長所を伸ばすというのは自分を肯定する作業であり自信がつきやすくなります。**

あなたの良いところは、「優しい気遣いができるところ」、短所が、「意見をはっきり言えない」というところだとします。そんな時は、意見をはっきり言えない自分を責めて、気にして、何とかせねばと思わずに、やさしい気遣いができるところを伸ばそうと考えてみましょう。

あなたの良いところは、どんなところですか？

そこを、もっともっと伸ばしてみましょう。

あなたの良いところを極めて、優しさの達人、笑顔の達人、楽しさの達人、などなど、その達人になってみてください。すると、自己肯定感があがります。そうすると、あなたの良いところを外に表現したくなってきます。その良い魅力を役立てたいと思うようになります。人に優しくしたくなったり、なにげなく人に微笑みかけたり、楽しさを誰かと分かちあおうとしたりします。それは、自分も、他人も幸せになることでしょう。

いまの自分を受け入れてみます

短所を補って、もっと良くなろうとする時（成長しようとする時）、こんな私じゃダメだから、もっと良くならなくっちゃ！　と思うことがあります。

気が利かない私じゃダメだから、もっと気が利く私にならなくっちゃ！　と。

もっと良くなろうということは、とても良いことなのですが、「こんな自分じゃダメだから」から始めてしまうと、自分を否定しながら成長することになってしまいます。

自分を否定しながら成長しようとすると、ある程度成長できたとしても、成長できたところよりも、まだ成長できていないところに意識が向きがちになります。

気が利かない私じゃダメだから、もっと気が利く私にならなくっちゃ！　と思い、気が利く度が上がったとしましょう。

自分がイメージする気が利く私まで、１００点満点中、50点までできるようになったとします。

しかし、自分を否定しながら成長しようとすると、プラス50点気が利く能力があがったところではなく、まだできていないマイナス50点のほうを見てしまうのです。

『まだマイナス50点分気を利かせられない、こんな私じゃダメだ』と感じるのです。

まだマイナス50点分できていない、まだマイナス30点分できていない、まだマイナス10点分できていないと、ちょとずつマイナス点が減っていくと、どうなると思いますか？

そうです。マイナスが消えて0点になるのです！

そして、マイナスが消えて0点になった時に感じることは、「大人だったらできて当たり前」とか、「できて人並み」なんてことなのです。

マイナス点（できていないところ）ばかりを感じて、とっても頑張っても、できて人並みとしか感じられないとしたら、成長したとしても、自信はつかないですね。

では、自信を養いながら成長するには、どうしたらいいのでしょうか？

それは、いまの自分をすべて受け入れてみるのです！

長所も、短所もあるのが人間です。それが当たり前で、完璧な人間はいません。

長所も、短所も含めて自分ですし、そんな自分を否定しなくてもいいじゃないかと思ってみるのです。そのうえで、『いまの私でいいんだけど、もっと良い私になりたいな』と思ってみるのです。

すると、いまの自分でいいんだけど、それにプラス、良い私が加わっていくことになります。前の自分よりプラス50点魅力が上がったと感じていくようになります。

今度は、前の自分のままでもOKだったけど、それよりプラス50点分できるようになった、プラス70点分できるようになった、プラス90点分できるようになったと、加点方式になっていきます。

プラス評価になるというのは、成功体験を実感することなので、自信がついていきます。

「こんな私じゃダメだから、もっと良くならなくっちゃ」も、「いまの私でいいんだけど、もっと良い私になりたいな」も、同じように良くなろうと思い、成長するはずなんですが、考え方を少し変えるだけで、自信がつかない成長の仕方になるか、自信がつく成長の仕方になるかに分かれるって不思議ですね。

どうせ同じように成長するなら、自信がつく成長の仕方をするほうがお得だと思いませんか？　こちらのほうが自己肯定感があがりそうでしょ？

よりすてきなあなたになるために、ありのままの自分をいったん受け入れるところから出発してみましょう。

「本当に愛されている」が実感できるようになる

「こんな自分じゃダメだから……」という自己否定を持ちながら頑張っていると、みんなから愛されたり、認められているのは頑張っている私であって、本当の私では愛されたり、認められないんだという感覚を持つことがあります。

例えば、依存的な私じゃダメだから、もっとしっかり者の私にならなくてはと思い、成長したはずなのに、そのしっかり者の部分を人から好いてもらったり、褒められたりしても、本当に愛されているとか、認められているとかをあまり感じられなくなるのです。

こんな自分じゃダメだからと思っている依存的な部分も、成長して身につけたしっかり者の部分も、どちらも本当の私なのですが、こんな自分じゃダメだからの部分である「依存的な私」が本当の私で、成長して身につけた「しっかり者の私」の部分は作った私のように感じてしまうのです。

では、どうした時に本当に愛されていると感じられるのでしょう？

それは、これが本当の自分と、自分で思いこんでいる部分を愛された時なのです。

すると、本当に愛されたい人ができた時に、こんな自分じゃダメだからと普段思っている依存的な部分をいっぱい見せるようになる傾向が出てきます。

「こんな私でも愛してくれる？」というメッセージつきで相手に見せるのです。

「こんな私でも愛してくれる?」というメッセージが出された時に、多くのパートナーはそのメッセージに応えてくれます。例えば、依存的な私を見せた時に、「甘えてくれて、うれしいよ」なんて言ってくれて愛してくれるのです。出されたハードルを見事跳び越えてくれるわけです。

しかし、それは最初のうちだけ! 何度も何度も「こんな私でも愛してくれる?」と自分の良くないと思っている部分ばかりを出し続けていると、そのメッセージに応えてくれなくなります。

例えば、依存的な私ばかりを何度も、何度も見せた時に、「甘えてくれてうれしいよ」から、「ちょっと重いよ」に変わっていきます。ハードルを跳びすぎて疲れてしまうわけです。

ダメな自分を見せる目的は、パートナーに重いと言われたいわけでも、負担をかけたいわけでもなく、愛されていると感じたいからなんですね。

〝こんな自分じゃダメだから……〟という自己否定を持ちながら頑張っちゃうと、愛されているということを、うまく感じられなくなってしまうんですね。愛されたいと感じたい欲求が、こうさせてしまうのです。

一方、自分を受け入れてから成長しようとすれば、依存的な部分があるのも、しっかりしたところも両方自分自身だと思っているので、しっかりしている部分を好かれて、認められても、つくった私が愛されている、認められていると は感じません。

本当に愛されている、認められているということを、いっぱい受け取れるのです。

「本当に愛されている」を、いっぱい感じられるためにも、いまの自分を受け入れてみましょう。

周りの人はあなたの価値を知っています

『自分はこういう人間だ』と自分で思っていても、他人から見たら違うように見えることがあります。人は多面的ですから、自分が見ている面と、違う面を他人が見ていても不思議じゃありません。

自分は『ずぼらな人間だ』と思っていても、他人からは「きっちりしていますね」と言われることがあります。

コタツから手が届く範囲に物が全部置いてある自分の部屋を思い出して、『私って、片付け下手で、ずぼらなのになぁ〜』と思うかもしれません。でも、他人はプライベート面ではなく、職場で、書類を、あいうえお順にきっちり整理しているのを見て、『この人はきっちりしているなぁ』と思っていたりします。

『それは、お部屋を知らないからそう言えるのよー』と思う人もいるかもしれません。それは、そうですね。

しかし、きっちりしている面がないわけでもありません。そうだとしたら、『私には、きっちりしている面もあるんだなぁ』と他人が見ている自分の価値を受け取ったほうが、自分のことを良く思えるでしょう。

ないわけではないのですから。

自分が自分のことをどう扱おうとも、他人はあなたが気づいていない、あなたの価値を知っているのです。もし、他人からあなたが思っているところ以外の価値を伝えられた時は、否定的に捉えずに、他人が見てくれた自分の価値を素直に受け取り、肯定できるといいですね。
あなたには、その価値があるのですから。

あなたの影響力は偉大なのです

もし、彼氏とケンカをしたり、失恋のような嫌なことがあったとしたらどんな気持ちになりますか？　悲しくなったり、気持ちが塞ぎぎみになったり嫌な気持ちになりますよね。そんな嫌なことがあると、プライベートだけでなく、仕事にも引きずることはないでしょうか？　晴れやかな気持ちで仕事をしているとか、爽やかな気持ちで仕事をしているという感じではないですよね。

私たちは嫌なことがあった時に、気持ちの切り替えが上手くできないと、嫌な気分を引きずってしまうことがあります。

朝、職場に行く途中に上司に会ったとします。「おはようございます」と、あなたは上司に挨拶をしました。ところが上司は少しうっとうしそうな表情で「ああ、何だお前か」と言ったとします。こんな態度をされたとしたら、何か嫌な感じがしませんか？　人によっては『この人、最悪！』と思う人もいるかもしれませんね。この嫌な気分を引きずって、その一日を気分悪く過ごす人もいるでしょう。

逆に良いことがあれば、良い気分を引きずります。

好きな人ができた！　その人とつきあうことになった！　好きな人に褒めてもらえた！　などなど、プライベートでうれしいことがあると、職場でも、明るい気分で働けたり、爽やかな気分で働けたりと、良い気分でいられるのです。

職場に行く途中ばったり会った上司に、「おはよー。最近、頑張っているね。君のおかげで助かることが多いよ。ありがとう」などと言われると、その日のあなたは一日機嫌がいいですね。

ほんのちょっとのことでも、気分が大きく左右されます。そしてその影響を引きずります。あなたの口から出る「ありがとう」の言葉は、誰かの一日の気分を左右する言葉になるかもしれません。

あなたが何気なく言ったつもりの「ありがとう」でも、知らないところで、誰かの一日の気分に良い影響を与えているとしたら、すごいことだと思いませんか？

例えば、ある日10人に「ありがとう」と言ったとしたら、その日は10人を幸せにしてあげた日になるかもしれませんね。

10人もの人を幸せにしてあげられることができたとしたら、ちょっとすてきなことだと思いませんか？　特別なことをするのではなく心を込めて「ありがとう」と伝えるだけで、それができるかもしれないのです。

そして、「ありがとう」をいっぱい伝えられた時、そんな自分のことを認められ、好きになれるかもしれませんね。

将来の準備ばかりしていませんか

海外の人はそれほどでもないのに、日本人が大好きな商品というものがあります。だいたい約9割近いご家庭が買っている商品です。それは、何だと思いますか?

富山の薬箱でも、NHKの受信料でもありません。

その商品の正体は、生命保険なんです。どうも海外の人が持っている保険への感覚と、日本人の感覚は少し違うようです。何と全世界の生命保険商品の3割ほどを、日本人が払っているくらい、日本人は、ずいぶん保険好きらしいのです。びっくりです!

さてさて、保険の加入を勧めているのではありません。本題に入りましょう。

保険って何のためにあるのでしょう?

多くの人は、もしもの時に備えて保険に入ります。

心理分析的な見方をすると、これは恐れの心理からくるもので、将来への恐れに備えて準備をするのです。これは危機管理という意味では良いことです。

しかし、この恐れの心理が強くなりすぎると、将来への〝不安〟を補うために保険に入りすぎてしまいます。

『もしものことがあったらいけないから、あれも入っておかなきゃ、これも入っておかなきゃ。ああそうそうリビングニーズもつけておかなきゃ』と、心配だらけになってしまいます。もしかすると、心配を埋めるために、お金もエネルギーもつぎ込んでしまい、いまの生活を楽しめなくなるかもしれませんね。

誤解をしないでくださいね。保険には入らないようにというお話をしているのではありません。我が家も保険にはお世話になっています。

将来の心配や、準備ばかりして、いまを楽しむことを忘れないようにということを伝えたいのです。

私たちは恐れから、将来の心配や、それに備えての準備をします。悪いことではありません。しかしバランスを崩して、心配や、それに備えての準備ばかりの人生になってしまうと人生を楽しめなくなってしまいます。

準備ばかりをして、人生を楽しむことはまったくせず、老後になって『良かった、心配事が何もおきなくって』だけになると、もったいないですよね。

心配や、準備も大切ですが、バランスを取るために、いまを楽しむことも大切にしてみましょう。

そして、恐れに打ち勝ち、いまを楽しむことを選択できたら、そんな強い心を持てている自分を誉めてみましょう。「恐れに飲み込まれず、人生を豊かにするための選択もできている私って偉いな」って。そう思ってみることが、あなたの自己肯定感を育てるのに役立ちますから。

エゴの声に負けないで

エゴの声は、ぬか喜びになって自分が傷つかないように、期待しないように、諦めるようにと、望むことにブレーキをかけます。

『そんなの、望んでも仕方がない』とか、『これくらいが将来、関の山だろう』などと望むことにブレーキをかけます。すると、それが本当に現実化していきます。

もしかしたら、望んでも手に入らないのかもしれません。しかし、宝くじを買わないと当たる可能性がないように、望まないと夢も叶いません。望むと、叶うかもしれないという〝可能性〟を手に入れられます。自分の未来を切り開いていく〝可能性〟です。

望むということは、〝叶わないかもしれないという恐れ〟を乗り越えていく、勇気がいることです。

その勇気を持ってみましょう。望むことを恐れないでください。

こういう幸せが欲しい！　そう望む気持ちが、道を切り開き状況を変容させてくれるのです。

エゴの声に負けないで、あなたが本当に欲しい幸せを望んでくださいね。

空想だけでは、望みは叶いません

ＶＩＳＩＯＮ（ヴィジョン）を描くと、欲しい未来が現実化しやすくなります。

一方で心理学にはファンタジーという言葉があります。文字通り空想の心理です。『アイドルの○○君が私だけのものになったらいいのにな～』というような空想です。

ＶＩＳＩＯＮとファンタジーは、どちらも「こうなったらいいのにな～」というものです。でも、どこかが違います。

その違いは紙一重で、そこに行きたいと思うか、その想像で満足するかの違いなのです。

VISIONは、「こうなったらいいのにな〜」と思い、本当にそこに行きたいと思うものです。それを手に入れたいと思います。

ファンタジーは、慰みです。本当に手に入れる自信はないから、空想で満足しようとします。空想を使った慰みです。

そこに行ってみたい！　と思う、VISIONを見つけてくださいね。

欲しいものを、純粋に考えてみてください

今日の夕食は何にしようかな？　と思い冷蔵庫を開けると、卵と、タマネギと、ハムがあったとします。あなたは夕食に何を作りますか？

この冷蔵庫のなかにある材料からメニューを考えていくと、限られたメニューしか作れませんね。オムレツとか、オムライスとか、チャーハンとか。

メニューに制限が出てくるわけです。

いまある材料から作ろうかと考えると制限が出ますが、まず何を食べたいか考えてから、足りない材料は買いに行くことにするとしたら、いろんなメニューが考えられますね。和食でも、洋食でも、中華でも、何でも考えられます。


この考え方は、私たちがVISIONを見つける時にも使えるのです。

先に食べたいメニューを考えて、材料が足りなければ買いに行こうと考えるように、**まず欲しい幸せを考えてみて、それを叶えるために、必要なものがあれば後からつけ足していけばいい**のです。

「いまの私だったら、どんな幸せを手に入れられるのだろう?」ではなく、「○○○のような幸せが欲しいなー」。じゃあ、それを手に入れるためには、どんな私になったらいいんだろう? と考えていくのです。

エゴの声に、引っかかりにくくなります。

人は防衛の心理があります。そのために、ぬか喜びにならないように、望むということに無意識的にブレーキをかけます。ですから、エゴに打ち勝ち、VISIONを見つけて、欲しいものを欲しいと思うのは強さがいることです。

もし、エゴに打ち勝ち、VISIONを見つけて、欲しいものを欲しいと思えたら、「私は強い心を持っているんだ」と思ってみてくださいね。

そう思えた自分を肯定していきましょう。

100の輝きをみつけましょう

あなたには、何百、何千の良いところや、すてきな魅力があります。

そのことを感じていますか?

そのことを感じられないとしたら、あなたは自分の価値を過小評価しているのかもしれませんね。

自分の価値を確認する、心のエクササイズをしてみませんか? 自分の価値を知っている人も、再確認という意味でこのエクササイズをしてみてください。

自分をより好きになるために、自分の価値を知りましょう。

まず、ペンとノートを用意してください（メモ帳でも、手帳でもいいです）。

そこに、自分の良いところや、自分の魅力だと思うところを100個書きだして、「私の良いところリスト」を作ってみましょう。

100個といわれると、多く感じるかもしれません。『え〜、8個くらいが限界！』、そう思うかもしれませんね。

最初に「100個書く」と決めれば、意外とできるものです。なぜなら、あなたには何百、何千の良いところや、魅力があるわけですから。1日で100個見つけなくても大丈夫。数日に分けて書いていき、リストを完成させましょう。

最初のいくつかは見つけやすいですね。ある程度出てきたら、少し見つけるペースが遅くなってくるでしょう。『え〜と、あとは、どんな良いところがあるかな？』と探し出していく感じになると思います。

これは、自分の良いところを探すことに意識を向ける癖づけのトレーニングにもなります。何度も、何度も、自分の良いところを探すことに意識を向けられるので、これが癖として身についていきます。

自分の良いところに目を向ける癖がつけば、自分の良いところを自然にたくさん感じられるので、自分を肯定でき、自分自身のことが好きになっていきます。

このエクササイズは自分一人で頑張らなくてもいいです。誰かに手伝ってもらってください。家族や、友達や、パートナーに自分の良いところや、魅力は、どんなところか聞いて教えてもらってください。一気にリストアップが進むでしょう。

この「私の良いところリスト」を作る良いところは、作ったリストをあとから何度も見直せるところ。

こんないいところもあったんだ、あんないいところがあったんだと、リストを見直して思えるでしょうし、家族や、友達や、パートナーに教えてもらった時のことを思い出して、うれしい気分になります。心がポカポカするでしょう。

是非、お試しくださいませ。

自己肯定感を高めて変わったケース③「愛してくれない」不満が消えた

Cさんは、「パートナーとの関係を改善したい」とカウンセリングにこられました。

悩みは、自分がパートナーのことを愛しているほど、パートナーは私のことを愛していないと感じることでした。そのため、「愛してくれていない」と不満をぶつけることもしばしばでした。

しかし、Cさんのパートナーは、「こんなに愛しているのに君は不満ばかり言う」、「こんなに頑張っているのに、これ以上どう頑張れというんだ」と言います。

Cさんは、その言葉を信じられませんでした。そうこうしているうちに二人とも、この関係に疲れてきてしまいました。

二人の仲を改善するべく、カウンセリングをしていくと、あることがわかりました。

それは、Cさんは、自分には良いところがないと思っていて、そんな自分を嫌い、否定していたということです。すると、それが外に投影され、彼の愛を受け取ることへのブロックを作っていました。

「自分が自分のことを魅力がないと思い、そんな自分を嫌って自分を愛していないように、パートナーが自分に魅力を感じるわけもないし、そんな自分を愛してくれるはずがない」という投影の心理が働いていたのです。

つまり、パートナーがCさんのことを愛してくれていないのではなく、Cさんが自分自身を肯定できていないことが二人の幸せの障害になっていたのです。

セラピーでCさんの無価値感と、自己嫌悪を癒すことに取り組みました。

無価値感と、自己嫌悪が癒されたCさんは自分を好きだと思えるようになりました。自分を認めることができ、自分を愛せるようになりました。

自分を愛せるようになったCさんは、「そんな自分を愛してくれるはずがない」という投影が消え、パートナーの愛を受け取れるようになりました。

自分を肯定することは、相手からの評価を肯定することにもつながるのです。

愛を受け取れるようになったCさんは、パートナーに優しくなり、二人の関係は幸せになっていきました。

おめでとうCさん。お幸せに。

自己肯定感を高めて変わったケース④ 無力な主婦なんかじゃない

D子さんは専業主婦。ご主人は自営業をしていました。ご主人の商売が上手く回らず、経営が苦しい時期がありました。

お家に帰ってきたご主人は暗い顔。言葉も少なく会話もほとんどありません。専業主婦のD子さんはご主人の仕事の内容はあまりわからず、相談に乗ってあげられることも、仕事を手伝うこともできず無力感にさいなまれていました。

『夫が苦しんでいるのに何もしてあげられない……』自分が何の役にもたっておらず、価値が無い存在のようにD子さんは感じていました。

これでは自己肯定感はどんどん下がるばかりです。

カウンセリングでご主人をどう助けたら良いのかと、無力感と、下がっていく自己肯定感についてカウンセリングをしていきました。

カウンセリングでは、D子さんが『夫が苦しんでいるのに何もしてあげられない……』と落ち込んでいる時、ご主人はどんな感情を持っているかということを考えてもらいました。

D子さんが落ち込んでいるのをご主人が見ると、ご主人の視点ではその落ち込んだ原因は自分のせいだと思うはずです。自分が家族の雰囲気を悪くしている、妻を苦しめている……。ご主人は罪悪感を感じるはずです。

つまり、ご主人が罪悪感にはまらないためには、D子さんが無力感を感じ、自己肯定感が下がり、落ち込んでいかないということが大切になります。そのためにもD子さんが『夫が苦しんでいるのに何もしてあげられない……』と思うのではなく、ご主人に対して、してあげられているところを見ていき、それがどんな影響を与えているのかということを考えていくことにしました。そのことで自己肯定感を回復させていきました。

D子さんが「ご苦労様」と笑顔でご飯を出してあげていることが、ご主人のホッと一息ついて温かい気持ちになる時間、「いってらっしゃい」と笑顔で送り出すことが1日のスタートを暗い気分でなく、和んだモードからスタートさせてあげられるなど、D子さんが与えている影響力について考えていきました。

自分が与えている影響力を知ったD子さんは『夫の心が休まるようにお家を

居心地良い空間にしていったり、私自身が夫にとってホッと一息つける場所になったり、私は夫にとっての癒しを作る存在になろう』そう決めたのです。

時には、無力感にさいなまれることもありましたが、D子さんは自分の無力感を見るのではなく、夫の癒しを作ることを大切にしようと切り替えて、笑顔で「ご苦労様」、「いってらっしゃい」と伝えるなどをし続けました。


しばらくしてご主人の商売が好転しだし、余裕を取り戻したご主人が「俺が落ち込んでいる時に、おまえはご苦労様、いってらっしゃいと明るく振る舞ってくれた。それに俺は救われていた。本当にありがとう」と言いました。

D子さんはご主人を救っていたのです。

自分の影響力を改めて知り、そして愛する人をその影響力で救ったことでD子さんは、より自分を認めることができました。

そして、自己肯定感がより高まったD子さんは、これから、もっと夫に対しての良い影響を与える存在になりたいと思いました。

D子さん頑張りましたね。お疲れさま。

3章

自己肯定感でいつもの生活が幸せで満ち始める

――自分に幸せになることを許可しよう

頑張るより大切なこと

幸せの法則、それは幸せを手に入れる許可を自分にしてあげることです。

そうすることで幸せが入ってくるチャンネルが開いて、その開いたチャンネルから幸せが入ってくるようになるのです。

しかし、**自己肯定感が低いと自分にいろいろ許可しません**。

ダメな自分はもっと頑張らなければいけないと思い、ゆっくりすることや、楽しむことを許可せず頑張ってしまったり、自己価値の低さから自分を大切にできなかったり、何もしなくても大切にされることを許可できずに犠牲的な恋愛をしてしまったり、様々な面で許可できていないことがあります。

心理的に許可していないものは手に入りません。もし、欲しい幸せが手に入っていないのであれば、深層心理で自分に幸せの許可をしてあげていないのかもしれません。**もっと幸せになるために、自分に幸せを許可しましょう**。

そして、逆説的ですが、自分に幸せになるための許可をいろいろ出せた時に、自分を大切にできたなと感じられて、自己肯定感が高まっていくでしょう。

幸せチャンネルの開き方

幸せを許可するって、いったいどういう意味なのでしょうか？

そんな疑問を持たれた方もいるかもしれませんね。

例えば、何事にも頑張り屋さんで、自分のことは自分で何とかしなくては、と思っている人がいたとします。人に頼ることを自分に許していないタイプの人です。すると、仕事が忙しくなっても、人に頼らず頑張ろうとします。普段から人に頼ってはいけないと思っているので、そう思考が働くのです。

「忙しそうだね、手伝おうか？」

同僚に声をかけてもらっても、「いいです、いいです、大丈夫ですから」と、ついつい自分で何とかしようと頑張ってしまいます。自分が人に頼ることを許せていないので、この時の選択肢は〝自分で何とか頑張ろう〟しかなくなっているのです。

そして、日曜日に会社に出社して、一人仕事をしながら、『あの時、手伝ってもらっておいたら休日出勤するはめにならなかったのに……』と思うことになるわけです。

人に頼ることを自分に許していないと、「忙しそうだね、手伝おうか？」というように援助を得られるチャンスがあったとしても、そのチャンスを受け取れなくなります。

このように、自分に許可をしていないことは、心理的に受け取ることへのブロックが働くので、手に入らない仕組みになっているのです。

人によっては、誰かに頼ることを許していなかったり、ゆっくりのんびりと時間を使うことを許していなかったり、自分のためにお金やエネルギーを使うことを許していなかったりと様々です。

あなたは、心のどこかで、自分に許可を出せていないものはありませんか？

自分でも気づかぬうちに閉じてしまっているチャンネルがないかチェックをするつもりで、「自分に許可を出せていないものはないかな？」と、じっくり自分の心を見つめてみる時間を取ってみましょう。

心のどこかで許可を出せていないことがあると、それがブロックになって何かが手に入らなくなってしまいます。もしかしたらその何かは、あなたが幸せになるために必要な何かなのかもしれません。あなたが、より多くのものを受け取れるためにも、少しでもブロックは取り除いておきましょう。

あなたが良いと思ったならそれでいい

人それぞれ好みというものを持っています。異性に関しての興味なんかも、人それぞれですよね。ある人にとっては、たまらなく魅力的に感じる人も、違う人にとっては、「あんまり……」と感じることってありますよね。

同性の友人と好みの異性についてのお話を楽しんだ経験はありませんか？

友人にとっては「いいなー」と思う異性が、自分にとっては興味がなかったり、自分にとって興味がある人が、友人にとっては、さほど興味の対象にならなかったりしたことはないでしょうか？

従順でおとなしい人が良いという人もいれば、全くそれとは逆の、自分のことを叱ってくれるような人が良いという人もいて、人それぞれの好みがあり、ある人には魅力的に見えても、ある人には魅力的に見えないことがあります。

同じように、人によっては、こういうのが手に入ったら幸せだと思うことでも、別の人にとっては、まったく魅力的に映らないことがあります。

幸せの形にも、人それぞれ好みがあるからです。

そう考えると、幸せを手に入れるということは、あなたが幸せと感じられるものを手に入れることが重要になってきます。他人がどう思おうとも、何と言おうとも、あなたにとっての幸せを見つけることが大切なのです。

自己肯定感が低いと他人の意見に左右されがちです。

だけど、他人が、こうしたほうが幸せだよと言っても、あなたの好みと違っていて、あなたが幸せと感じないのであれば、それは幸せではないのでしょう。

他人がどう言おうとも、あなたが良いと思ったものは、それで良いのですよ。

自分の良いと思ったものは、それで良いんだと認めてあげましょうね。

あなたにとっての１００％の幸せってどんなものなのでしょう？　一度じっ

くり考える時間を持たれてみるといいかもしれませんね。

自分を好きになる許しのレッスン

許しのレッスン① なぜ、欲しいものを我慢してしまうのか？

幼い子ども達は一般的に、自分の欲求に素直です。

もっと遊びたい、遊園地に行きたい、玩具《おもちゃ》を買って欲しい、あれが欲しい、これが欲しいと、自分の欲求に素直です。

「今日は遊園地に行こう」とパパに言うと、「昨日行ったじゃないか。もういいだろ？」と言われたりします。

昨日行ったとしても、子どもは、昨日も、今日も、明日も、明後日も、毎日でも行きたいものです。大人のように昨日は遊園地に行ったから、今日は明日の仕事に備えてゆっくりしようなどと考えません。自分の欲求に素直に、好きなものは好き、欲しいものは欲しいと思います。

でも、幼い子どもにとって、遊園地に行くよりも、玩具を買ってもらうよりも、もっと欲しいものがあります。それは、お父さんとお母さんの愛情です。

子ども達は無邪気ですから、家中を走り回ったり、飛び跳ねたり、いろんなことをしますね。好きなことをするわけです。なかには壁にクレヨンで絵を描いたり、タンスの上からベッドに向けて飛び降りたりします。

そうすると、だいたいお父さんやお母さんから「静かにしなさい！」と怒られます。当然怒られるのが嫌ですから、飛び跳ねるのをやめて静かにじっとしていると、今度は「静かにしているね、いい子だね」と褒められます。

お父さんとお母さんの愛情が何より欲しい子どもにとって、大好きなお父さんや、お母さんに褒められるのはうれしいことです。

このような時に、子ども達はあることを学んでいきます。

我慢して、辛抱して、耐えたら、愛してもらえるんだということを。

そして子ども達は愛されるために、我慢して、辛抱して、耐えようとしていきます。

「本当はお外で遊びたいけど勉強しなくっちゃ」「もっとワイワイしたいけど

静かにしなくっちゃ」「もっと良い子にならなくっちゃ」って。愛してもらうために自分のしたいことや、欲しいものを我慢します。すると、この我慢して、辛抱して、耐えるということが、まるで当たり前のようになっていきます。

これが自分の欲求や要求を抑圧していくパターンとして作られていきます。

大人は、自分の意思でいろんなことを選択できたり、自分の自由に生きられるはずなのですが、この幼児体験からの抑圧的なパターンを持つので、したいことをつい我慢してしまったり、欲しいものを辛抱してしまうことがあるようです。

この抑圧的なパターンが強いと、人によっては自分の欲しいものを欲しい、自分のしたいことに対してしたいということが、悪いことのように感じ、自分の欲求を否定してしまう人もいます。我慢して、辛抱して、耐えるというパターンが、自分の欲求や要求に素直になることを許さなくなってしまうのです。

許しのレッスン② 好きなものは好き、欲しいものは欲しいのです

あまりにも感情や、欲求を我慢して、辛抱して、耐えてきて、抑圧的なパ

ターンが強くなっていると、自分の欲しいものや、したいことがわからなくなってしまいます。

「私、いったい誰が好きなんだろう?」「私、いったいどんな仕事が好きなんだろう?」「私、いったいどんな人生を生きたいんだろう?」と、自分の欲求や要求がわからなくなっていくのです。

この欲求というのは〝好きの力〟に通じます。私はこれが好き、僕はこれが好きと思える力です。この好きの力は私たちを活き活きさせてくれる力です。

子どもは好きの力がいっぱいですから活き活きしています。砂場遊びが好きな子どもはスコップとバケツがあれば、砂場にお山を作ったり、トンネルを掘ったり、バケツに汲んできた水で小川を作ったりと、クリエイティブな遊びを一日中しています。

お絵かきが好きな子は、棒きれ一本あれば夢中になって地面に絵をずっと描いています。その姿はとても輝いています。

大人のように「ああ、たまの休みはゴロゴロしていたいなー」とか、「ああ、明日は月曜日だからあんまり無理しないでおこう」なんてこと、子ども達は言わないですよね。好きのエネルギーは、活き活きさや、元気を与えてくれるのです。

私の甥っ子は、走るのが好きで、家のなかだとリビングの縁をぐるぐる、ぐるぐる、何周も、何十周も走り回ります。たぶん大人が見ると、「同じ所をぐるぐる回って何が面白いんだろ???」と思うような光景です。ぐるぐる回っているかと思うと、甥っ子はバタンと転んで起きあがらなくなるんです。「ど、どこか悪いところ打ったのかなぁ?」と心配して見に行くと、「ごぉ〜〜」とイビキをかいて寝ているのです。体力の限界まで遊んでいるんですね。それくらい好きなことに夢中になっているんです。

私たちにもそんな好きなことに夢中になっていた子ども時代はあったはず! あのエネルギーはどこに行ったのでしょうね? 抑圧的なパターンがあると、このエネルギーが失われていくのです。

最近、我をわすれて夢中で何かを楽しむことはありましたか? ないとしたら、自分の感情や、欲求を心のなかに封じ込めがちなのかもしれませんね。自分の感情や、欲求を封じ込めるのをやめていった時に、夢中になって何かを楽しむ活き活きさが、あなたのなかに戻ってくるでしょう。それはあなたを魅力的にするエネルギーです。

私たちは、**より自由に、より自分らしく生きるために、そして活き活きとするために自分の欲求や要求を持つことを、自分に許すことが必要です。**自分に対して禁止しているものや、抑えつけているものを許すことを〝許可〟といいます。

幼いころは、我慢して、辛抱して、耐えることで両親の愛や、注目、褒め言葉を手に入れられたかもしれません。しかし我慢して、辛抱して、耐えることで欲しいものを手に入れる子ども時代は、もう終わりました。

より自分らしく生きるために、自分の欲しい幸せを手に入れるために、欲求や、要求を持つことを自分に許可してください。

欲しいものは欲しい。好きなものは好きと思うことを許可するのです。好きのエネルギーにかけていたブレーキを解除していくのです。そうして〝好き〟のエネルギーをたくさん持つことができると、あなたはますます魅力的になるでしょう。

許しのレッスン③ ゆっくり休むことを許可しましょう

私はカウンセラーになる前は、コンピュータ関係の会社に勤めていました。当時、忙しい部署で働いていた私は残業時間だけで、月に百数十時間働いていたことがありました。

私なんかは、まだまだ甘いほうで、仕事が忙しくて、「かわいそうにあの人今日も会社でお泊まりしたんだって」と言われている人が職場にたくさんいました。

そんな忙しい状況ですから、周囲の忙しさを考えると、有給休暇という制度は遠慮がちな性格の私としては、なかなか取りづらいものでした。

その当時、私の友人達の間では、スノーボードが流行っていて、私も友人にスノーボードを教えてもらい夢中になっていました。

そんな時、友人から「長野に滑りにいかないか?」とお誘いがありました。

金、土、日の2泊3日のスノーボード旅行です。交通費、宿代合わせて8万円程。魅力的な内容です。しかし、私としては、旅行の日程に金曜日が入っていることがネックでした。先ほども述べたように遠慮がちの私は有給休暇を取れなかったからです。

友人には、「ちょっとだけ考えさせてもらっていい？」と伝えて返事を待ってもらいました。そのお誘いがあってから、日が経つにつれて、長野県のきめ細かい雪で滑りたいという思いが強くなりました。

そして、上司に勇気を出して有給休暇の願いを出しました。初めて自分から出した有給休暇の願いだったんです。意外とあっさりＯＫをもらった私は、友人と、念願のきめ細かい雪が積もる雪山へ行くことができました。雪山に行った私は、雪山の山頂でこんなことを考えていました。

『みんな、いまごろ仕事しているんだろうなぁ……。忙しい時に休んで、申し訳ないなぁ』

『仕事がいっぱい溜まっているんだろうな……。あ！　帰ったらあの人に仕事の件で電話をしなくては！』

旅行中の３日間、頭のなかには、ずっとそんなことが横切っていました。

体は美しい雪山にいるのに、魂は職場で仕事をしていたのです。

魂が職場にいた私は、きめ細かい雪をまったく楽しめないまま、忙しい時に休んだという罪悪感を感じるばかりの3日間になりました。そして、その罪悪感から職場の人たちへのお土産をたんまり買って帰ったのでした（心理学では、罪悪感から何かする埋め合わせの行為のことを補償行為といいます）。


さて、この話は、私が何を許可していなかった話だったのでしょう？

そうです、私は休むことを許可できていなかったのです。

休むことを自分に許可していなかったので、休暇中の雪山で職場のことばかり考えていたのです。

本当は綺麗な雪山で滑るのを楽しみたくて休みを取ったはずなのに、休むことを自分に許可していなかったので、体は休暇中でも、心は全然休めていなかったのです。

「みんなに申し訳ない」という罪悪感を抱くために、旅行代金8万円を払って、長野の雪山に行ったようなものでした。

いまは、私が開催している心理学のワークショップで、この経験をたとえ話に使って、許可についてのレクチャーをしているので、『あの８万円は、そろそろ回収できてるかなぁ……』と思うのであります。

こういう話は、実は私だけの話ではなく、カウンセリングなんかでも結構聞かせていただく話なのです。**休むということを自分に許可していないから、休暇を取っていても、心は仕事のことを考えているので、休んでいるようで全然休まらない、いつもしんどい**という話を聞かせていただきます。

心あたりのある人は、自分に休みを許可してみてくださいね。

「休むことを自分に許可しよう」と心のなかで念じたり、実際に言葉に出してみるなどしてみるといいでしょう。

休むことを許可できると質の良い休みが手に入って、心も体もリラックスできます。

許しのレッスン④ 助けを求めることを許可しましょう

自立心が強いタイプの人は、頑張り屋さんという良い面を持っています。また、自分の力で物事を解決したいと思う傾向が強いです。人に心配をかけたり、負担や、迷惑をかけたりしたくない気持ちも強いです。

でも、調子がいい時はいいのですが、自分で抱えきれない問題が現れた時が、大変なのです。

例えば、仕事が山積みでいっぱいいっぱいになっても、迷惑をかけちゃいけないと思うし、自分の仕事は自分で何とか解決しなくてはと思うので「手伝って」となかなか言えません。いっぱいいっぱいになってパンクしそうになってもそれを言えない人がいます。

仕事や恋愛の悩みを持った時も、なかなか人に相談できません。自分の気持ちを人に聞いてもらうことですら、人の負担になってしまうような感じがしたり、人に迷惑をかけてしまう感じがするからです。

しかし、いっぱいいっぱいになってパンクしてしまい、心や、体の調子を崩してしまうと、元も子もありません。それこそ誰かに、心配をかけたり、迷惑をかけたりしてしまいます。

一人で抱えるにはちょっと重い問題の時は、誰かに助けを求めることを自分に許可してみましょう。そうすると楽になれるし、問題も解決しやすいです。いままで一人でよく頑張りましたね。**助けてもらうことは悪いことではない**んです。助けてもらったら、今度は何かあった時に、あなたが誰かに手を差し伸べてあげればいいのです。

もちろん、助けを求めても、相手の都合で応じてもらえないこともあります。それは今回は相手の都合が合わなかったんだなぁと解釈してみましょう。断られたからといって、『やっぱり迷惑だったのかなぁ……』と解釈しないように心がけてくださいね。

一人で頑張るのではなく、お互いに助け合う生き方はいいものです。相互依存というのですが、誰かとともに生きる生き方です。

パートナーシップなんかに例えるとわかりやすいと思いますが、愛する人とお互いに助け合い、支え合うパートナーシップを持たれている人は幸せそうな人が多いです。

愛するパートナーが、悩みを抱えていて、一人で悩んで苦しんでいたとしたら、助けてあげたくなりますよね。苦しんでいるのをただ見ているだけでは辛いものです。

ですから、時には一人で頑張るだけでなく、自分を助けさせてあげることが大切になる時もあるのです。

パートナー同士お互いに支えあい、お互いに足りないものは補完しあう関係は、楽で、幸せです。そして相手のサポートを借りながら成長していけます。

ほら、助けを求めることは悪いことではないのです。

誰かに助けてもらったら、「迷惑かけて、すみません」ではなく、「ありがとう」と感謝すればいいのです。それが助けてくれた人への報酬になりますから。

「ありがとう」の感謝でその人が、あなたを助けてあげようと思った善意の気持ちや、労力、あなたのために使った時間に報いてあげられるのです。

助けを求めることを自分に許可してあげてくださいね。

許しのレッスン⑤ 自分らしくいることを許可しましょう

あなたは、周りに合わせるほうでしょうか？　周りに合わせられることは、適応能力が高いということです。それは、あなたの良いところです。

ですが、合わせすぎると自分らしさを失ってしまいます。自分らしさを失うということは、自分を心の牢屋に閉じこめているようなものです。牢屋に入るのは、「窮屈にされるのが好き！」というマニアな趣味を持っていない限り気分が良いものではありませんね。

人は他の人と同じでありたいという気持ちと、人と違っていたいという気持ちを同時に持っています。流行のファッションは押さえたいけど、自分が買った流行のファッションと、まるっきり同じファッションを着ている人が、同じ会社やクラスにいたとしたら、ちょっと嫌な感じがするようなものです。

他の人と一緒でありたいという気持ちが強く、人と違っていることへの不安が強くなると幸せではありません。「自分は自分でいいんだ」と、自分らしさを許可してみましょう。気分が楽になり、自分らしさという幸せが手に入るでしょう。

あなたは、あなたで良いのですから。

許しのレッスン⑥ ちょっと冒険することを許可しましょう

人は誰もがいろんな面を持っています。可愛い面や、活発な面や、大胆な面など、多彩です。いろんな面を持っているはずなのですが、人は、「私はこういう人間なの」と自分で自分に枠をつけたがる一面があります。自分はこういう人間だと自分で自分のことを思うことを、自己概念といいます。

私たちはその自己概念にそった行動をしがちです。

例えば、自分は、ボーイッシュな女性でかっこいい系は似合うけど、可愛いってキャラじゃないなぁと思っていると、友達からアイドルばりにフリルがたくさんついたフェミニンなお洋服をプレゼントされても袖を通しにくいと思いませんか？

これは自分で自分に制限をかけているのです。このタイプの人は、好きな人の前で甘えられなかったり、可愛く振る舞えなかったりします。柄じゃないと思っているので甘えたり、可愛く振る舞うのに抵抗感があるのです。

あなたは、自分はどんな人間だと思っているのでしょう？　それ以外のあなたを持つことを許可してみませんか？　可愛さを自分に許可したり、セクシーな自分になることを許可したり、女性らしさ（男性らしさ）を持つことを自分に許可してみてはいかがでしょう。

許可をすると、ある時はセクシーな私だったり、ある時は可愛い女性という私だったり、ある時は情熱的な私だったりと、あなたの魅力がますます増えていきます。

許しのレッスン⑦ 豊かさを許可しましょう

豊かさは私たちの気分を良くしてくれます。豊かな時間を楽しめたり、リッチな気分を楽しめたり、豊かさのエネルギーを楽しめると気分がいいです。

あなたは豊かさのエネルギーを受け取ることを許可していますか？

お金はあっても豊かさのエネルギーを受け取れていないと楽しめません。例えば、あなたが高級ホテルのラウンジにお茶をしに行ったとしましょう。メニューを見るとどれもが一杯2000円以上する、ちょっとリッチなものばかり。友達とお茶をしに行った手前、「私はお冷やで」とは言えません。あなたは一杯2500円のお茶を頼みました。どう飲みますか？

豊かさを受け取れていないと、『これが一杯2500円か……。もったいないなぁ』と気になって楽しめないかもしれません。同じ2500円を払ったなら優雅な気分でお茶を楽しんだほうがいいでしょう。

清貧という言葉がありますね。清くあるために生活が貧しいという言葉です。日本にはお金に関しての悪いイメージが昔からあるのかもしれません。

お金のせいで人が変わってしまったとか、お金が人を狂わすとか、お金のせいで両親が苦しんだとかです。お金に関してのイメージが悪いと、豊かさを持つことを心がブロックしてしまいます。

しかし、お金が悪いわけではありません。お金というエネルギーをどう使うかが問題なのです。そのエネルギーを使って、楽しむこともできるし、好きな人を喜ばすこともできます。

豊かさは、あなたが頑張ったご褒美なのです。ですから豊かさを持つことは悪いことではありません。ちゃんとご褒美を受け取りましょうね。

豊かさのエネルギーを受け取ることを自分に許可してみましょう。心が豊かなエネルギーを感じると気分が良くなり幸せな気持ちになれるでしょう。

許しのレッスン⑧　人とのお別れも幸せになる方法として許可しましょう

カウンセリングで離婚の相談をいただくことがあります。「別居や、離婚の話が出ているのですが、どうやったらやり直せますか？」というようなお話をいただくことが多いように思います。

そのなかには、本当は離婚したいけど、離婚してはダメだと思いながら頑張っている人がいます。「どうして離婚してはダメなんですか？」と聞くと「親や、親戚が頑張りなさい、と応援してくれているから」と話してくれます。周囲の人達の応援に応えようと頑張っているんですね。応援してくれる声に応えようとしたことは、すばらしいことです。

しかし、離婚してはダメだと思わなくてもいいんですよ。離婚してはダメだと思っていると、いざという時に離婚するという選択肢はなく、頑張るしかないという状態でずっといると精神的に追いつめられやすくなります。

そんな時、私は、「離婚という選択肢もあったうえで、どうやったらやり直せるか考えていきましょう」と提案することが多いと思います。またご本人が持たれている〝離婚という希望〟を支持することもあります。

多くの両親のみなさんは、子どもが別居や、離婚の相談をした時に、「頑張りなさい」とか、「離婚なんて言わずに、辛抱して頑張りなさい」、そんなことを言うようです。

その言葉を聞くと、「離婚をすることは両親が悲しむことなんだ」と解釈する人は少なくありません。優しい人や、両親思いの人ほどそう思う傾向があるように思います。

そんな人には、離婚をするのは悪いことをするわけではないですよ、あなたが幸せになるための手段の一つだと思ってみませんか？　とお話しさせてもらいます。お別れして幸せになるという手段を持つことを自分に許可してみましょうと提案させてもらいます。

しかし、なぜ世の親御さん達は「頑張りなさい」とか、「すぐに離婚なんていわずに、辛抱して頑張りなさい」と言うのでしょう？

それは、親御さん達にとって、結婚が幸せのシンボルになっていることが多いからです。自分達が知っている幸せの形である、結婚生活を手放さないようにというのです。

つまり、子どもが本当に幸せになるのであれば、結婚していても、離婚していても、どちらでもかまわないのです。

その証拠に、「親が離婚だけは絶対ダメだといっているのですが、もう限界で……」とご相談された人に、先ほどのお話をさせていただき、その後自分が幸せになるために離婚を選ばれて、再びカウンセリングにこられた時に、「離婚に反対されていたご両親は、いまは何と言われていますか?」と質問すると、「別れて良かったね、と言っています」とお答えいただくことがほとんどなんです。

お別れを選んで新たなスタートを切り、「選んで楽になった～」と笑顔で言えた時、笑顔が戻った顔を見た親はどんな気持ちがするのでしょう? 「良かったね」と思うのではないでしょうか。

誤解をしないでくださいね。二人の関係が悪くなったら、頑張って修復しようとせずに、お別れすることが幸せへの道ですよといっているわけではないのです。

あなたが幸せになるための手段としての「別れる」というやり方を放棄しな

いでくださいねというお話なのです。

その手段を持つことを自分に許可すると、精神的な追いつめられ度が減ります。

その手段を持ったうえで二人の関係を修復することを頑張ってみてください、というお話なのです。

結婚も幸せになる手段であれば、離婚も幸せになる手段の一つなのです。

あなたが幸せになるための手段はできるだけ多く持っておいてくださいね。

時には自分のために一休みを

頑張り屋さんのなかには、疲れている時も頑張らねばと思う人がいます。

頑張ることは、とても良いことで、頑張り屋さんというのは才能だと思います。

でも、このタイプの人は、時に、誤った自己肯定感で頑張りすぎてしまうことがあります。

誤った自己肯定感とは、根本的には自分の価値に対して自信がない心理があり、その自信のなさを埋めるために何かをします。

その埋めあわせの心理をベースに何かをして、役に立っている時に、「自分には価値があるんだ」と感じる自己肯定感です。

例えば、仕事で役に立っている自分には価値があるとか、家事で役に立っている自分に価値があるとかです。

しかし、この裏には何かしなければ自分には価値がない、何かしなければ自分は愛されないという不安定さが隠れています。

これは〝自分には価値があるというのをベースにして、その上で仕事や家事で役に立っている自分にも価値がある〟というものではなく〝自分には価値がない、だから何かしなければ価値がないし、何かしなければ愛されないという感覚をベースに、仕事や家事で役に立っている自分に価値がある〟と感じている自己肯定感です。

すると、頑張れない時は、仕事や家事で役に立っているという状況を失ってしまうので、心の根っこある何かしない自分には価値がないし、何かしていない自分は愛されないという自己肯定感のなさが浮上してきます。

その時の嫌な感情を感じないために頑張りすぎてしまうのです。

自己肯定感のなさを感じないようにするために、頑張って役に立っている自分をやめられなくなってしまう心理なのですね。

すると、心や、体のエネルギーメーターがどんどん減ってきているのに、こんなことで音を上げてはいけない、と頑張ってしまうのです。エネルギーが枯渇している自分にむちを打っているようなもので、自分自身をいじめています。

それは携帯の電池がなくなっているのに、電話をかけようとしているものです。

……かけられません。

こんな時は、充電がいるんですよね。

携帯も充電ができれば電話もできるし、メールもできるように、心や体も充電ができれば、いろんなことができます。

充電をするには、自分をいたわる心が必要です。自分をいたわり、大切にできなければ、自分に無理をさせてしまいます。ですから、「本当は疲れているんだ」「頑張るのは一休みしてもいいんだ」と自分をいたわる心を持とうと思ってみましょう。そして疲れた時は、心や、体を一休みさせてあげましょう。

雨の日なりの過ごし方を探しましょう

疲れている時に、「元気を出そう」と思うと、元気になる時もありますが、余計に、疲れる時があります。ガス欠の車に、動け〜とアクセルを踏んでいるようなものです。

そんな時は、先ほどのように充電時間を取ることが大切。

雨の日に、晴れじゃなきゃ嫌だと抵抗し続けると疲れますよね。お天道様にケンカを売っても、降るものは降るわけです。

そういう時は、雨の日なりの過ごし方を見つけること。おうちのなかで音楽を聴いたり、お茶をしながらテレビを見たり、雨の日の過ごし方があるのです。そうやって雨が上がるのを待って過ごしていれば、そのうち晴れの日がやってきます。

同じように、疲れている時は、疲れた時なりの過ごし方を見つけてみましょう。おうちでボ〜ッとしたり、お風呂にバスソルトなんかを入れてゆったり入浴したり、疲れを癒す過ごし方をしてみましょう。

すると、エネルギーが充電されてきて、そのうち元気が出てきますから。

エネルギーが充電された状態で、恋に、仕事に打ち込んだほうがいい結果が出るのです。

無理をせず、焦らず、疲れている時なりの過ごし方を見つけてみましょう。

明日の不安は明日考えよう

土曜、日曜の休日を楽しみにしている人はたくさんいると思います。金曜日の夜なんかは、休みの日は何をしようかな~なんて考えるとウキウキです。土曜、日曜と休日をすごし、日曜の夕方におうちで『サザエさん』を見ながら考えるんです。「ああ、明日は仕事だ。嫌だなぁ……」って。いわゆるサザエさん症候群です。

楽しい休みが終わって、明日から会社となると嫌なモノを感じるわけですね。

これの旅行版の話も時々聞きます。

海外旅行に行くことになると、金曜日の夜どころか、1週間前くらいからワクワクします。ガイドブックを広げて、ここに行ってみたいなぁ、お土産はこれを買ってこようかな、と想像します。魂はすでに海外です。

1週間南の島に行くことになりました。南の島のリゾートホテルで楽しむんです。最初の5日間は「あ〜なんて開放的なんだ〜」。とても気分がいいです。最高の気分です。

そして帰国2日前くらいになると、『あと2日間しかいられないのか……楽しかったなぁ』、『帰ったら仕事が溜まっているんだろうな……』、『次に、来られるのはいつなのかな』なんて考えます。帰国1日前はもっと気分が沈んでいたりします。魂は日本に帰っているんでしょうね。

明日の不安や、未来のことを考えすぎて、心が未来に行ってしまうと、いまを楽しめなくなってしまいます。明くる日の会社が嫌なことがあるかもしれませんし、旅行から帰るのが嫌なこともあるかもしれません。しかし、その嫌な明日のことを考えているいまの時間が、嫌な気分になっていると思いませんか?

いまが休みだったり、旅行中だとしたら、いまを楽しみましょう。その時間は、明日ではないわけですから。

人は、時に、先々のことに不安を抱くことがあります。不安とは恐れの心理です。

こうなってしまったらどうしよう。ああなってしまったらどうしよう、という具合に先のことに不安を抱くことがあります。こう思ってしまうとネガティブな気持ちに捕らわれてしまいます。

恐れの心理とは、過去の経験を未来に投影したものです。過去に○○ということがあったから、この先にも○○ということがあるんじゃないかと心が捉えることが恐れの心理の正体です。

しかし、そういうことがあるのかもしれないですが、ないかもしれないんです。

ないかもしれないことに心を捕らわれすぎて、先々のことばかり考えて、いまを生きられないのはもったいないです。

皆さんの心は、いまを生きていますか？　いまを楽しんでいますか？

いまを楽しむことを許可しましょうね。

いろいろと許可をすることについて書いてきましたが、**許可をするとあなた**

の元に入ってくるものが変わってきます。

あなたの幸せ度や、状況がより良くなっていくことでしょう。

そうすると、**自分の力で、より自分を幸せにしていけたこと、状況をより良い方向に変えられた自分のことをより認められる**んじゃないかと思うのです。

「私、やるじゃん」って。

許可をたくさんしていき、自己肯定感を高めていきましょうね。

仕事をしていないと価値がない？

Eさんはハードワーカーでした。朝から晩まで働きます。会社にとっては良い社員です。

しかし、Eさんは時折り熱を出して倒れます。

無理をしているんです。体が疲れているというサインを無視して働くので、時々無理がたたって熱を出して倒れてしまうんです。そのせいで、せっかくの余暇を療養という形で使うはめになったり、有給休暇を病気という形で消化したりなど、Eさんの望む良い休暇の取り方ができていませんでした。

でも、Eさんはハードワークが止められませんでした。

カウンセリングでハードワークが止められない原因を調べていくと、Eさんの自己肯定感のなさに原因がありました。

Eさんはハードワークをすることで、『自分はこの会社にとって役に立っている人間なんだ』と、自分の価値を感じていたのです。

逆にハードワークを止めると『この会社に役に立っている人間なんだ』と感じられず、自分の価値を感じられなくなるので、ハードワークが止められなかったのです。

Eさんは仕事が好きだからハードワークをしているのではなく、仕事をしていないと自分の価値のなさを感じてしまうので、ハードワークをし続けてしまうという、まるで回遊魚のように動くのを止められない人になっていたのです。

しかし、仕事が好きだから熱を出して倒れるまで働いているのではないわけで、この働き方は良い働き方ではありませんよね。体を壊し続けてしまうのはもってのほか。Eさんはこのパターンを変えるために自己肯定感を高めることに取り組んできました。

すると、自分は価値がない人間だというのを感じないようにするためにハードワークをする、というのを止められるようになりました。自分の体調と相談しながら仕事ができるようになれたのです。

休日や、有給休暇も自分の楽しみのために使えるようになりました。

Eさん良い休日をお過ごしくださいね。

4章

自己肯定感は「なりたい自分」になれる近道

——欲しい未来を手に入れるために

本当に欲しいのは、どんな幸せですか？

もっと幸せになりたいと思う人は多いと思います。

いまは幸せ、と思っていても、より幸せになりたい人も多いと思います。

しかし、「どんな幸せが欲しいですか？」と質問すると、「え～と、う～ん、案外わからないもんですね！」と答えてくれる人が少なくありません。

漠然と幸せが欲しいと思ったとしても、具体的にどんな幸せなんだろうと思い描いてみようとすると、結構難しいものなのです。漠然とした願いだと、どんな幸せをつかみたいのかがわからないまま頑張っているわけです。海外旅行に行こうと決めたけど、どこの国に行くかは決めず旅行の準備をしているようなものです。トランクケースのなかには、ダウンジャケット、ハーフパンツ、フランス語会話の本、台湾の観光ガイド。目的が決まらず準備するので、用意しているものもバラバラですね。

方向性が定まってないと、幸せをつかむために、どうエネルギーを使ったらいいのか、エネルギーの使いどころがわからなくなってしまうのです。

具体的にどんな幸せが欲しいかを見つけることは、結構難しいものかもしれませんが、この本と出会った機会に、せっかくですから、じっくり考えてみませんか？

潜在意識は、欲しいもののイメージをとらえて現実化していきますから、こんな幸せが欲しいというＶＩＳＩＯＮを持っておくと、現実に手に入れやすくなります！

まあまあの幸せを望む私にはならないで

「実際には無理かもしれないんで、あまり望まないほうがいいかなぁ。まぁ、叶いそうな幸せを望んでおこう」というように、人はエゴの声に引っかかって本当に欲しい状況を望まないことがあります。

するとと本当に欲しい幸せでないもののために、頑張ってエネルギーをつぎ込むことになります。頑張って手に入れたものが、本当に欲しい幸せではないとしたら、それはもったいないです。

「コミュニケーションをたくさんとって、お互いに何でもわかりあえるパートナーシップが欲しい」と思ったとします。

しかし同時に、コミュニケーションが苦手な私にそんなことができるだろうか？　という自信のない気持ちが出てきたので、『私には、そんなのは無理だから、ケンカせずに静かに一緒にいられるパートナーシップを持てればいいかな』と思ってしまうのです。そしてケンカをしないパートナーシップを目指して頑張るしかなくなってしまうのです。

すると、１００％の望みではなく、まあまあの状態が手に入ったりするわけです。

しかし、そんな時は妥協するのではなく、それを手に入れるためには、どんな私になったらいいんだろう？　と考えていくことが必要です。なぜなら、まあまあの状況は、本当に望んでいるものではないわけですから。

「コミュニケーションをたくさんとって、お互いに何でもわかりあえるパートナーシップが欲しいなぁ。それを手に入れるためには、どんな私になったらいいんだろう？　どんな私に成長していくといいんだろう？」と考えると、エゴに惑わされずにＶＩＳＩＯＮを設定しやすくなると思います。

エゴに負けずに幸せを望める自分ってステキではありませんか？

「こんな私になりたい！」というＶＩＳＩＯＮを持ちましょう

ＶＩＳＩＯＮを考える時に、「こんな幸せが欲しい」、「こんな状況が欲しい」というように考えることもできますが、「こんな自分になってみたい」というＶＩＳＩＯＮの持ち方もあります。

「もっと優しい私になってみたいな」、「もっと大人の女って感じの私になってみたいな」というふうに。

いまの私もいいけれど、「こんな私になったらもっとステキ」と思うと、心はそうなろうと成長していきます。

例えば、「優しい私になりたい」と思うと、人に優しくしようと意識しますから、優しさのマインドが成長していきます。少しずつ少しずつ成長していくので、毎日の変化には本人も気づかないことが多いのですが、1年前の自分を振り返ってみると、自分でも驚くくらい変わっていたりします。

それはいまの自分がダメだから違う自分になろうという自己否定的な考えではなく、いまの私も良いけれど、より良くなるために「こんな私になったらもっとステキ」と思うことを考えていくのですね。

なってみたい、より良いあなたに一歩ずつ近づく時に自己肯定感が高まっていっているのを感じるでしょう。

なりたい自分になるために、お友達を探してください

なりたい自分になるための、簡単な秘訣をご紹介します。

その方法とは、なりたい自分の要素を持っている人とお友達になって、一緒に遊ぶことです。

我々が日本語を話せるのはなぜでしょう？　それは、親がしゃべっているのを見て勝手にまねをしたんです。しかし影響を受けたのは日本語だけでしょう

か？

立ち居振る舞い、癖……、いろんな影響を親から受けてきました。ああはなりたくないと思ったところまで似てしまうこともあります。

それくらい私たちは人の影響を受けるのです。

この「人の影響を受ける」ということを利用するのが、なりたい自分の要素を持っている人とお友達になって、一緒に遊ぶという方法なのです。

例えば、「セレブなオーラが似合う私になりたい」と思ったとしたら、そんな要素を持っている人と仲良くなって、何度もお茶をしたり、遊びに行ったりするんです。

間近で、セレブな雰囲気を学ぶことができますし、「ああいう雰囲気いいなー。なりたいな」という気持ちで一緒にいると影響を受けます。

とっても楽で、簡単になりたい私になる方法の一つなのです。どうぞ、お試しくださいませ。

好き力は、幸せ力につながっていきます

好きなことをしている時は幸せです。

大好きな恋人ができると、ただ一緒にいるだけで幸せです。

逆に、嫌いな人と、ただ一緒にいるだけというのは、とてつもなくつまらないです。幸せではありません。

ただ一緒にいるだけという行為自体は一緒なはずなのに、なぜ感じることはこうも違うのでしょう？　違いがあるとしたら、好きな人か、好きでない人かの違いです。

どうやら、幸せを作る要素は、〝好き〟という要素が大きく関係しているようです。

ということは、どれだけ好きということを感じられるか、好きなことを見つけられるかということが、幸せを呼び寄せるのに大切なポイントとなります。

あなたは好きと感じられるものがどれくらい周りにありますか？

「好き力＝幸せ力」は、シンプルであたりまえのことのようですが、意外と見落としがちなことではないでしょうか？

幸せを増やすカギは、あなたのなかの好きを感じる力を磨いたり、好きを感じられることを、いっぱい見つけることにあります。

好きなものがたくさんあって、幸せを感じる瞬間がたくさんある時って、心が充実していると思いませんか？

心が充実している人生を作れる自分の生き方を「私、いい生き方しているな」と、また一つ自分を肯定できますから。

好きなことに触れる時間を、自分にあげてください

砂場でお山を作ったり、棒きれ1本持って地面に絵を描いたり、好きなことをしている子どもはとても活き活きしています。そしてとても楽しそうです。子どもは楽しいことが大好きなのです。

大人だって、好きなことをしていると心が活き活きします。そして楽しくな

ります。

植物が好きな人はガーデニングをしたり、「もうすぐ、つぼみが開きそうだわ」と、お花に水をあげたりしている時に楽しい気持ちになります。料理が好きな人は料理をするのも楽しいし、百貨店で綺麗なお皿を見て「このお皿にはサラダが映えそうだわ……ムフフ」と一人にんまり想像するのも楽しいでしょう。

好きなことをしている時は楽しい気持ちになります。そして、その時は幸せな気分になります。自分を幸せにしてあげるつもりで、好きなことに触れる時間を、自分に与えてみませんか?

大きなことをしなくてもいいのです。ほんのちょっとしたことでOKです。お洒落が好きな人だったら、好きな服を見つけに行くというのは一つの良いアイデアだと思います。自分に似合う服を探している時は楽しいでしょうから。しかし、仕事がある平日だとなかなか探しに行く時間を取ることが難しいかもしれませんね。

実際に探しに行かずとも、コンビニでファッション誌を買ってきておうちでチェックしたり、ネットで最新ファッションをチェックしたりすることで、好きなことに触れる時間を作ることができます。その時間は、楽しい時間になっているでしょう。

海外旅行が好きな人は、次に旅行に行くまでに、行ってみたい国を調べてみるのもいいでしょう。ガイドブックを開いて行きたい国の写真を見ていると、「ここは絶対に行ってみたい！」という思いが出てきて楽しい気分になります。体は日本にいても、魂は外国に行っている気分になる人もいるでしょう。

大きなことではなく、ちょっとしたことでＯＫなのです。とにかく好きなものに触れている時間を作ってみるのです。

「どうやったら幸せになれるのかわからない」という人は、好きなことに触れる時間を自分に与えて、自分を幸せにしてあげましょうね。

あなたにとっての天職を探しましょう

好きなことを仕事にしている人は活き活きしている人が多いように思います。

芝居を仕事にしている人、マッサージを仕事にしている人、飲食業を仕事にしている人、いろんな職業の人に会いましたが、その仕事を好きでしている人は、仕事の話をする時、目を輝かせて話します。

就職を考えていたり、転職を考えている人は、何が自分に向いているかの観点ではなく、**自分はどんなことが好きなのかの観点で仕事を探してみる**といいかもしれませんね。

天職という言葉がありますが、天職を探したいと思いながら、適職を探そうとする人がいます。適職と、天職とは違うものなのですが、うまく区分けができていないからなのでしょう。

何に向いているかの観点から仕事を探していくと、適職というものが見つかるでしょう。適職は向いている仕事ですからその仕事を上手くこなせます。ただ、それが幸せな仕事とは限らないのがミソです。

自分に向いていて、ミスもなく、ほかの人より上手くその仕事ができたとしても、向いているという理由で選んだのであって、その仕事を好きで選んだのでなければ、情熱を持てなかったり、仕事を楽しめなかったりすることがあります。ですから、適職だからといって幸せな仕事とは限らないのです。

自分はどんなことが好きなのかの観点で仕事を探すと、したい仕事や、好きな仕事が見つかるでしょう。こちらは適職ではなく天職といいます。

適性があるかどうかはわからないのですが、好きなので情熱を持って仕事ができますし、好きなことをしているので楽しいのです。

好きなので一生懸命勉強するし、努力もできます。もしかしたら好きなことをしているので努力を努力と思わないかもしれません。すると一生懸命勉強するし、努力をするので、最初は上手くできなくとも、後からスキルはついていき、その結果、仕事が上手くいくようになります。

大好きな人とデートするのは楽しいですよね。大好きな人と24時間ずっと一緒にいても楽しいように、大好きな仕事は、ずっと働いていても楽しいものです。「あなたには向いていない」「そんなんじゃ食べていけない」……。そんなふうに言われても、自分の〝好き〟を否定せず、大事なことを仕事にしましょう。

あまりに好きなために、「何で1日24時間しかないんだ、何で眠くなってしまうんだ。もっと取り組みたいのに」と思ってしまう人もいるくらいです。それくらい惚れられる仕事と出会えるのは幸せですね。

したい仕事、好きな仕事は、幸せな仕事といえるでしょう。

好きなことを仕事にすると、苦労がないかというと、そんなことはありません。

どの仕事についても、それなりの苦労や、努力が必要なことはあります。

ただ、どうせ苦労するなら、好きなことで苦労したほうが幸せじゃないかと私は思います。

誰かが言う〝安定〟の仕事は幸せか？

私が大人になった頃は、これからはＩＴの時代だといわれていました。すごく盛り上がったように思いますが、ＩＴバブルもはじけました。

その少し前は、銀行員は堅い仕事で、銀行に勤めることは将来が約束されていると考えられていた時代がありました。その時代には、まさかいまのようにバタバタ銀行が倒れたり、合併したりなど想像もしていなかったと思います。

私も持っている銀行のカードの色がこんなに何回も変わることになるとは思い

ませんでした。

その少し前は、鉄鋼産業の景気が良い時代がありましたが、その後落ち込みましたね。その前は繊維産業の景気が良い時代がありました。

これについたら将来は確実に保証されているという職業はないのかもしれません。だとしたら〝安定〟〝確実〟といった要素にしがみつく意味は、一昔前ほどはないのかもしれません。

当時、私がカウンセラーという職業につきたいと思ったころは、カウンセラーというのは、まずご飯が食べられない職業といわれていました。カウンセリングというものを知っている人が少なかったからです。それでも、カウンセリングを通して人の役に立ちたいと思ったので、ボランティアでのカウンセリング活動を続けていました。すると、徐々にカウンセリングを知ってくれる人が増えてきました。そしていまは、カウンセラーという職業でご飯を食べさせていただいています。こんな時代がくるとは夢にも思いませんでした。

人生は、何がどうなるかわかりません！

だとしたら、自分が幸せを感じられる、やりたい仕事、好きな仕事にチャレンジすることは価値があるように思います。

「この仕事嫌い、したくない、辞めたい」ばかり感じながら仕事をしていると、そう思いながら、その仕事をしている自分を好きになれません。

好きなことを仕事で「この仕事が好き、上手くなりたい、もっと頑張りたい、もっと良くするにはどうしたらいいんだろう?」と感じながら仕事をしていると、自分を肯定できることがたくさん出てきます。

好きな仕事を見つけられると、自己肯定感が高められることがたくさん出てきますよ。

幸せ度アップのために、楽しむ天才になりましょう

物事は角度を変えるといろいろな見方ができます。

例えば、初めて人前でスピーチをするとします。原稿を書いて徹夜でスピーチの練習をしたのですが、本番はガチガチに緊張して、所々間違ってしまいま

した。これを人によっては、「失敗してしまった」ととらえるし、「ベストを尽くせた。私よく頑張ったわ」ととらえます。

見方、とらえ方、考え方によって、経験したできごとは変わってきます。

楽しむことも同じことがいえます。物事の欠点、ダメなところに意識を向けると、いくらでも不満が出てきますが、楽しむということに意識を向けていくと、大抵のことは一つや、二つ、楽しめるポイントを見つけ出せます。楽しむことが上手くなれば、もっと見つけられるかもしれません。

何をするにしても楽しんでみようと意識を持ってみませんか？ 楽しむ天才を目指すんです。もし何ごとも楽しめる自分になれれば、あなたの幸せ力はアップしていきます！

楽しい時って気分が良く、笑顔が増えると思いませんか？

気分が良い時は、いつもより人にやさしくできると思いませんか？

いつ何時も楽しむことを忘れず、気分よく過ごせ、笑顔で、人にやさしい自分でいられる自分になれたらステキだと思いませんか？

自己肯定感を高めて変わったケース⑥ 不安を埋める人生から楽しみを生む人生に

Ｆさんは、どちらかというと仕事人間とよばれるタイプの人でした。頑張り屋さんです。

そのおかげで同期のなかでは出世頭で、順調な人生でした。

しかし頑張り屋さんが裏目に出たのか、病気になってしまい、しばらく仕事を休んだ時期がありました。その時に『このままでいいのかなぁ？』と思ったそうです。

頑張っていた仕事を病気のせいで取り上げられた時、自分には何もないような感じがしたそうです。それがきっかけで自分探しをするつもりでカウンセリングにこられました。

話を聞かせていただくと、Ｆさんは、病気で早くにお父様を亡くされたことを話してくれました。そのせいで小さいころは経済的に苦労をされたそうです。

そんな経験をされたことで、Ｆさんの深層心理には強い不安感が作られたようでした。

経済的にもう困らないように頑張らねば、病気になった時のために保険に入っておかなければ、いざという時のために貯金をしておかなければ、そのために頑張って働かなければという心理がありました。

Fさんは小さい頃の経験から、強い不安があったため、その不安を埋めるべく仕事に頑張ってきたのです。不安を埋めることばかりをしてきていて、自分の人生を楽しむことをしてきていないことに気づきました。頑張ってしてきた仕事も楽しんではしておらず、不安を埋めるためにしていたことに気づきました。

『自分は不安を埋めることしかしてこなかったんだ。だから、仕事を取りあげられた時に、自分には何もないような感じがしたんだ』。それに気づいたFさんは人生を楽しむことをテーマにしました。

プライベートも、仕事も含めて人生を楽しもうと思うようにしていきました。

すると、「俺、生きている!」という感じがしてきたそうです。

そして、不安ばかりの人生から、毎日が活き活きした、幸せな人生に変わったそうです。

自分の力で、不安を埋める人生から、生きている充実感、幸せを感じられる人生に変えられたことでFさんは自分に自信を持てるようになりました。

そして充実している人生を送れている自分を好きに思えました。

不安を埋める人生を、楽しみを生む人生に変えたFさん、いっぱい人生を楽しんでくださいね。

自己肯定感を高めて変わったケース⑦「どうせ」「私なんか」の口ぐせがなくなったら

G子さんは、「どうせ……」「私なんか……」「私なんて……」ということが口ぐせでした。癖なので、自分でも知らず知らずのうちにその言葉を使っていました。

そのため、「どうせ私なんて選ばれない」「私なんかができるはずがない」というような発想をしがちでした。

「どうせ私なんて選ばれない」「私なんかができるはずがない」という発想があると、自分の欲しいものを手に入れようとか、本当に好きなことをするなどをしなくなります。なぜならどうせ選ばれないし、できるはずがないと思っているから。

でも、そんな生き方は、楽しくないし、幸せではありません。何かを諦めて生きる生き方の自分を、G子さんは好きになれませんでした。

読者の皆さんに聞きたいのですが、「どうせ……」「私なんか……」「私なんて……」という言葉の続く文章ってろくなものがないと思いませんか？

そうです。ろくな文章が続かないんです。

だから、カウンセリングで、その癖に気づいてもらって、G子さんに「どうせ……」「私なんか……」「私なんて……」という言葉を使うのをやめることを意識してもらいました。日常でその言葉をやめやすいようにセラピー（心理療法）も施しました。

そして、いままでの言葉の代わりに「大丈夫」「私ならできる」「なぜなら、私には良いところがあるから」という自己肯定感が高まるような言葉を意識的に使ってもらうようにしました。

「大丈夫」「私ならできる」「なぜなら、私には良いところがあるから」という言葉を使うと、前にでてくる言葉、後にくっつく言葉は良いものが出てきます。自己肯定感が高まるような発想がでてくるのです。

言葉使いを意識すると、自分の欲しいものを手に入れることにチャレンジするとか、本当に好きなことに挑戦する発想をしやすくなります。そしてチャレンジできた時に、チャレンジした自分を認めて好きになれます。そのようなことの出来事の一つとして、G子さんにこんなエピソードがあります。

G子さんは婚活をしていて、バーベキュー婚活という、バーベキューを楽しみながら婚活にきた人と知り合っていくという体験型婚活というものに参加したそうです。その時にすてきだなぁと思う人がいました。

前までのG子さんだったら「どうせ私なんて選ばれない」と思い、自分から近づいて話しかけようとはしなかったところ、言葉を変えたG子さんは『あの人とお知り合いになりたい。大丈夫。私には価値があるから』と自分を勇気づけ、自分から声をかけました。

本当に欲しいものを誤魔化さずにチャレンジできたことで、G子さんはより自分を認め、好きになれました。

そして、意中の人にも近づけ、連絡先の交換も成功しました。

G子さんの勇気すばらしいです。

終章

自己肯定感が高まると愛が増える

——愛で変わる自分の幸せ

人との間に感じる壁の正体とは？

依存的つながりを作るために、人に近づこうとしていたとします。
もし、その時に壁を感じるところがあったとしたら、その壁は何でできていると思いますか？

1. セメントの壁がある
2. ガラスの壁がある
3. ぬりかべがいる

もちろん、答えは全部はずれで、物質的な壁があるわけではありません。物理的なものではないですよね。その壁は自分が心の中で感じている、心理的なものなわけです。

その心理的な壁の正体の多くは、恐れという感情です。

特に**自己肯定感の低い人は、自分が愛され、大切にされるということを信用できていないので、恐れという感情を抱きやすい**のです。

もう傷つきたくない、嫌われちゃうかもしれない、犠牲はしたくない、信用できる人かな？　怒られないかなぁ？　変に思われないか緊張するなぁ、などなどと人それぞれ頭に浮かぶフレーズは違えど、感情レベルでは恐れという感情が人との間の壁になっています。

あなたは、人との関係に壁や隔たりを感じることはありますか？　もし、あったとしたら何らかの恐れがあるのかもしれません。

少しゲームをしてみませんか？

もしもゲームです。もしも、仮にあなたに○○があったとしたらという仮定で答えてみてくださいね。できれば直感で思いつく言葉がいいです。

Q．もしも人との関係に恐れという感情があったとしたら、どんな恐れがありますか？

A.（例）嫌われたくない
（例）傷つきたくない

出てきた答えは、潜在的に感じている人との壁の正体の可能性が大です。もしかしたら、潜在的にそんな恐れを感じているのかもしれませんね。この恐れは心の防衛機能の役目を果たしていて、人との関係で傷つかない距離をたもつのに役に立っているのです。

「自分が感じている人との壁には、恐れがあるんだなぁ」と気づけたとしたら、それは素晴らしいことです。なぜなら、気づけるからこそ恐れに立ち向かっていこうと選択できるからです。

例えば、「嫌われたくないという恐れを選択するか、近づいて仲良くなりたいことを選択するか、う〜ん……えい、頑張って近づくぞ」という感じです。

他の人も傷つくのは恐いはず。だから近づくことに足踏みしてしまうことがあるのでしょう。ですから、あなたから最初の一歩を踏み出して近づいてくれることは嬉しいはず。

神様が人間に与えた最大の力は選択の力だといいます。勇気を出して近づいてみましょう。

そうできれば、また一つ自分が成長できたと感じられるでしょうから。

好意を示す勇気

赤ちゃんを見ていて、面白いことがありました。

赤ちゃんが、見知らぬ人に、抱っこをおねだりしたり、笑いかけたりするとその人は「あら可愛い子ね」と笑顔で反応してくれることが多かったように思います。

赤ちゃんの無邪気な笑顔のパワーって、すごいなぁと思いました。

これは心理学的にいうと好意の返報性が働いているといえます。

好意の返報性とは、**人は好意を持ってくれているとわかった時に、その相手を好意的に評価する**という心理です。赤ちゃんが抱っこをおねだりしたり、笑いかけたりなどの好意を示すことで、相手の人も好意的に反応したのでしょうね。

しっぽを振って近づいてくる子犬って可愛く感じますよね。これも好意の返報性が働いているといえるでしょう。

逆に、牙をむき出しにして、「ガルルルル」となって身構えている子犬は、あまり可愛くないですね。子犬からすると恐れから防衛的になったり、攻撃的になったりするだけなのですが、うなられるこちらとしては、あまり可愛くないと感じてしまいますし、こちらも身構えてしまうかもしれません。

あなたは「ガルルルル」と、どこか身構えている時はありませんか？

しっぽを振って近づく子犬になってあげた時に、相手も接しやすくなったり、緊張し身構えることをなくしてあげたりできるのでしょうね。

野良猫にエサをやるがごとく

自分は、つながろうと努力していても、相手が「ガルルルル」と警戒して、なかなか心を開いてくれないということもあるかと思います。

こんな時は、ゆっくりと近づくことが大切です。

例えば、いたずらっ子の子どもたちに、棒を持って追いかけ回されたり、捕まってマジックで眉毛をかかれるなどのいたずらをされたりと、いじめられている野良猫がいたとします。

可愛そうに思ったあなたは、優しくしてあげようと野良猫にエサをあげようと思いました。野良猫のために、高級缶詰を買ってあげるんです。そして缶をあけて、野良猫のもとに持っていってあげるんです。どうなるでしょう?

たぶん逃げますね。逃げるか、ひっかかれるかです。

なぜなら猫としては怖いからです。さんざん人間にいじめられてきたので防衛のために逃げて身を守るか、ひっかいて(攻撃をして)身を守ろうとするのです。

では、この場合はどうすればいいのでしょう?

そうです。安易に近づかずに、最初はエサを置いて遠くからエサを食べる野良猫を見守るところから始めるのです。

何度か遠くから見守るということをしたら、ほんの少しだけ近づいてみます。でも、いきなり近づいてはいけません。ほんの少し近づいて、また見守るんです。ちょっとずつ、ちょっとずつ近づくというのを繰りかえしていけば、いずれ野良猫も危害は加えられない、大丈夫だという安心と信頼が芽生えますよね。そうしていくうちに、いずれはさわれるようになりますね。

これは人間にも同じことがいえます。**対人関係で否定的なことがあり、傷ついてきた人は、防衛的になったり、攻撃的になったりします。警戒心が強くなかなか心に触れさせてくれません。**

このタイプの人には野良猫にエサをやるごとく、焦らずに時間をかけて近づくことがいるのです。**ほんの少し近づいて、相手の居心地のいい距離、安心できる距離でつきあう**のです。それになれてきたら、また少し近づいてみるというのを繰り返します。

時には、相手のペースがわからず早く近づきすぎて、相手に引かれてしまうこともあるでしょう。そんな時は、自分も引いて、また相手の心地良い距離でつきあうところから始めます。

このタイプの人には、近づいて、つながりを作るのは時間がかかりますが、一旦近づくことができると、その人にとって本当に大事な存在だと思ってくれます。

また、このタイプの人は心を閉ざすということもあれば、否定的肯定法といって、「どうせ私のこと嫌なやつとか思っているんでしょ」ということを「そんなことないよ」と相手に言ってもらうことで肯定されようという投げかけをします。

しかし、そんな投げかけをされると『からまれるのは嫌だな』と思い、その人に近づきたくなくってしまうでしょう。でも、そこは『からまれているんではなく肯定されたいだけなんだなぁ』と思い直して、「そんなことないよ」と相手を肯定してあげましょう。そう言うと相手は心を開く……のではなく、おそらく「本当はどう思っているんだか」と、第1回目は、再び否定的肯定法を投げかけてきます。

それでも「そんなことないよ」と何回も、何回も肯定し続けると、野良猫タイプさんも、あなたに心を開き、あなたのことを大事な存在だと思うようになっていくでしょう。

野良猫タイプさんでさえ、つながれ、仲良くでき、信頼関係を結べたとしたら、あなたの人間関係力は達人級になったといえるでしょう。

そうなれたら、それがまたあなたの自信につながると思います。

気持ちを伝えるコミュニケーションをします

自分の気持ちをわかってもらえた時って嬉しいですね。「この人、わかってくれてる～」と感じた時などは、相手につながりを感じやすいことはないですか？　また、逆に相手の気持ちを理解できた時につながりを感じやすいことはないでしょうか？

だとしたら、自分の気持ちを伝えるコミュニケーションを心がけてみるといいかもしれませんね。

コミュニケーションの中には気持ちを伝えるという形のものもあれば、出来事を伝える形のコミュニケーションもあります。例えば「来月から、海外に赴任してくれと言われたよ」というのは起こった出来事を伝えているコミュニケーションですね。

そのほかには、正しいか間違っているかを議論したり、問題の解決方法を議論するようなコミュニケーションもありますね。「こっちの考え方をするほうがいいと思うよ」という感じのものです。

気持ち（感情）というよりも、理論的な側面が強いコミュニケーションです。コミュニケーションをしているはずなのに、「あなたの気持ちがわからない」と言われたり、気持ちをわかってもらえないなぁと感じることが多い時は、もしかすると理論的な側面が強いコミュニケーションをしているのかもしれません。

もちろん理論的な側面が強いコミュニケーションが悪いわけではなく、こちらは物事を正確に伝達したり、問題を解決する方法を一緒に考えたりする時に役立ちます。

ただ、気持ちを伝えるという面で向いていないだけです。

自分が感じている気持ちを（感情）表現してみることを心がけてみましょう。

例えば、先ほどの海外赴任の話を使わせていただくと「来月から、海外に赴任してくれと言われたよ。みんなのことが好きだから、離れるのは寂しいな」という具合に、自分が感じていることを、外に表現してみるんです。

自分が感じていることを表現するといっても、感情をぶつけるというのと、感情を伝えるというのは違います。

人によっては感情の扱い方が〝我慢〟するか〝ぶちまける〟かの両極端になるタイプの人がいます。感情をぶつけると相手は嫌な気持ちをすることがあります。つながるどころか、ケンカになったり、心が離れていくこともあるでしょう。

感情はぶつけるものではなく、伝えるものです。

感情はぶつけるものではなく、伝えるものなんだと意識するだけでも、伝え方に違いが出てくるものです。自分の気持ちを相手に伝えることを心がけてみましょう。

コミュニケーションが上手くいくと、人とのつながりを感じます。
つながれるとその人との関係が良くなるし、トラブルも減ることでしょう。
上手くいっている感を感じられるでしょう。
そうやって人との関係が良くなっていっていると感じられた時は、あなたの自己肯定感はあがるでしょう。

上手な気持ちの伝え方「アイメッセージ」

気持ちを上手に伝える方法にアイメッセージがあります。アイメッセージのアイはI my meのアイです。

気持ちを伝える時に、「私は○○というふうに感じた」というように、〝私は〟をつけるんですね。

これは、嬉しいとか、大好きとかのポジティブな感情表現よりも、寂しいとか、悲しいなどのネガティブな感情表現をする時に役立ちます。

例えば、彼氏の仕事が忙しく、残業続き、しかも休日も出勤している状況であったとします。なかなか話をする時間も、会う時間もなかったとします。

その反応に、彼女は寂しいと感じたとします。

「最近、仕事ばかりで寂しい」と気持ちを伝えると、たぶん彼は責められているように感じることでしょう。『仕事でくたくたなのに、自分のことばかり！俺のことを考えてくれない』と彼も良い気分ではなくなるでしょう（ちなみに男性は罪悪感を感じやすい傾向をもつので、女性よりも責められていると感じやすいのです）。

そんな時に、「あなたのせいじゃないのはわかっているし、あなたもくたくたなのはわかっているけど、私は寂しく感じてしまうの」と彼女が伝えたとしたら、彼は責められているとは感じないのではないでしょうか？それどころか可愛いと感じて時間を作ることを頑張ってしまうかもしれませんね。

気持ちを上手に伝えて、お互いの理解が深まるといいですね。

「わかってもらえた～」と感じられた時は、とても嬉しいでしょうね。

自分の気持ちは自分の愛で幸せにしてしまいましょう

依存的になってしまうと、自分が心地よくなるか、嫌な気分になるかは、相手の答えしだい、行動しだいになる傾向があります。

自分の気持ちなのに、自分の気持ちが幸せになるか、不幸になるかが相手次第なのです。これはもったいないないですよね。

そんな時こそ、与えることを学ぶ時なのです。

愛を与えると、自分の心から愛が発するので、自分の心から発する愛で心が満たされていきます。

愛を与えることで心を満たすことができれば、幸せな気持ちになるのか、不幸な気持ちになるのかは、相手次第ではなく、自分次第になります。

パートナーを愛そうと思ってみましょう。まずは愛することを意識してみることからスタートしましょう。

パートナーに愛を与えることでパートナーが満たされて、自分も満たされるとしたら、それは幸せなことだと思いませんか？

まず小さい愛から、始めてみましょう

〝あなたから愛を与えてみましょう〟と文字にすると、何だかとてもすごいことをしなければいけないような感じがする人がいるかもしれませんね。

とてもすごいことをしなければと思うと、それだけでプレッシャーになり、気後れしてしまい、上手く与えられないかもしれません。

とてつもなくすごいことでなくていいんです。まずは小さいことから始めようという意識くらいがプレッシャーにならなくていいかもしれません。

相手が喜びそうなことを、あなたなりにしてあげるのです。

お茶をいれてあげるとか、肩を揉んであげるとか、ちょっとしたことから始めてみましょう。男性の方でしたら、彼女の荷物を持ってあげるとかもいいですね。

ほんのちょっとしたことでも、相手にとってはうれしいものです。

あなたがいれてあげたお茶を美味しそうに飲む顔を見られたとしたら、あなたはどんな気分がしますか？　肩を揉んであげると相手の表情が徐々に和らいできて癒された表情になるとしたら、あなたはどんな気分がしますか？

たぶん、うれしい気分になるでしょう。

大きなことをしなければと思わなくてＯＫです。まずは小さいことから、いますぐ始めてみましょう。

愛する人の幸せを祈ってください

直接的な相手へのアプローチではないのですが、誰かを愛してあげたいと思った時は、その人の幸せや、成功を祈ってあげてください。

愛する人の幸せや成功を祈っている時のあなたは、優しいモードになっているると思いませんか？　すると、愛する人に接した時に、無意識的な顔の表情や声のトーンとなって、その優しいモードが現れるんです。

そして、愛する人が幸せになったり、成功した時に一番うれしいのは、誰よりも愛する人の幸せや成功を祈ったあなただと思います。あなたが幸せになれるのです。

例えば、受験生の孫がいるおばあちゃんが、「孫が受験に受かりますように」とお百度参りをしたとしましょう。孫が受験に受かった時に、受かった本人もさることながら、孫の成功を本当に願ったおばあちゃんは、めちゃくちゃうれしいと思います。

また、**愛する人の幸せや成功を祈っていると、この投影が自分に返ってきます。**「私が誰かの幸せや成功を願っているように、誰かも私の幸せや成功を願ってくれているかもしれない」と、心がとらえやすくなるのです。

人からの愛を感じやすい心になっていきます。

愛する人の幸せを祈ってあげることで、自分も幸せになりましょう。

大切なものを大切にできた時は、自分を誇ってください

男性に特に多いのですが、パートナーが「愛している」と言葉で言って欲し

いと思っているのを知っていても、「愛している」と表現しない人がいます。

「愛している」の言葉は、結婚式の時だけ！　こういうタイプの人です。

男性は愛を責任という形で示そうという傾向が強いのです。すると、結婚すると保険に入ろうとしたり、家を買おうとしたり、仕事をいままで以上に頑張ったりします。

これは、責任という形で愛を示そうとしているのです。

それだけ愛があるにもかかわらず、「愛している」と言葉に出さないのです。

なぜでしょう？


答えは、恥ずかしいからです！

それが原因で、ケンカになったり、二人の関係に隔たりができたりします。

「何を考えているの」「私のことどう思っているの？」とケンカになっても、「そんなの、家族のために、会社で頑張って働いているのを見たらわかるだろう」という具合に。それでも、言わない人がいます。態度で悟れといわんばかりです。

なぜ、ケンカになっても言わないのでしょう？

それも、恥ずかしいからです！

これは、大切な人が「私のことをどう思っているの？」と不安がっているにもかかわらず、恥ずかしさから言わないことにこだわっていることになります。

大切な人よりも、自分の恥ずかしさを大切にしているのです。

私たちは、こういうことを大なり小なり、知らず知らずのうちにやってしまっているかもしれません。あなたには心当たりはありませんか？

大切なものを大切にしようとすることは、当たり前のようで案外難しいものです。大切な人よりも、自分の恥ずかしさやこだわりを大切にしてしまうことがあります。そうすると幸せが逃げていってしまいます。

そんなことにならないためにも、大切なものを大切にすることを心がけてください。

大切な人に、大切な言葉を伝えることも、その一つです。

「愛している」と伝えるには結構勇気がいります。

勇気を出したい時は、この言葉を心のなかで唱えてみませんか？
〝自分の恥ずかしさや、こだわりよりも、もっと大切なものがある〟。
大切なものを大切にできた時は、自分のことが誇らしく感じるでしょう。
そして、その時はとても幸せです。

わが子は思いっきり愛してください

自分のことを否定したり、嫌っていたりすると、自分の分身である子どものことを否定したり、上手く愛せないことが出てきがちになります。

例えば、弱音を吐く自分を嫌っていると、子どもが弱音を吐き、泣き言を言っていると「すぐ泣き言う。もっとしっかりしなさい」と子どもの泣き言を否定し、うまく受け止めてあげられません。

そして子どもを否定し、うまく愛せなかった時に、『あぁ、言っちゃった。なんでもっと優しく受け止めてあげられないんだろう。上手く愛せないんだろう、私ってダメな親だ』と自分を嫌ってしまいます。

そう思う人は、本当は愛情深い優しい人なんです。

本当は、否定したくないし、優しく受けとめてあげたいから、できなかった自分を責めてしまうんですね。本当は否定したくないし、優しく受けとめてあげたいにもかかわらず、否定し、受けとめてあげられないのは理由があるんです。

弱音を吐く自分を嫌っていると、子どもの泣き言を否定し、うまく受け止めてあげられなくなるという現象。これを心理分析的に説明すると、子どもを否定しているわけではなく、嫌っているわけでもなく、子どもの中に見える自分が否定し、嫌っている自分の要素を、否定したくなり、嫌っているのです。

だから、子どもを愛せないダメな親ではないんです。子どものことは愛しているんです。だから、上手く愛せないと自分を責めてしまうんです。


愛せていないのは子どもではなく、実は自分なんですね。

自分のことを否定していたり、嫌っていると、人の中に見える自分の要素を否定し、嫌ってしまうのですが、自分の分身である子どもに対しては特にこの現象が起こりやすくなります。

でも、大丈夫。

弱音を言う自分を「弱音を吐いても良い。いっつも強くなくても良い」と自分を受け入れ、肯定することができると、子どもが弱音吐き、泣き言を言った時に「そっか、そっか」と受けとめてあげられるようになりますから。

自分を否定しているところ、嫌っているところを一つひとつ受け入れ、肯定して受け入れた分だけ、あなたは愛し上手になれます。

大丈夫、上手く愛せるようになれますからね。

そして、自分の自己肯定感があがるだけでなく、愛してもらった子どもも、愛されることで自己肯定感の高い人間へと成長していきます。

完璧じゃなくても幸せ

Hさんは自分を良いものと思えない方でした。

カウンセリングをして、Hさんは完璧主義の心理が強い人ということがわかりました。

完璧主義の心理とは、完璧なものに意味があり、完璧でないものに意味がないという心理。そうすると、世の中には完璧にできることってそんなにありませんから、なかなか自分を認められなくなります。

また、完璧主義の心理が強いと、完璧でないものに意味がないという心理ですから、完璧にできそうにないものはやらないようになっていく傾向があります。

Hさんもこれに漏れず、自分を認められることが少なくなったり、完璧にできそうにないものは手をつけない傾向になっていました。それが自分を良いものと思えないという原因になっていました。

このパターンを変えるべく、完璧にできなくても良いということをキーワードにしていくことにしました。

完璧にできていなくても、自分なりによくやったと認めていくことを意識したり、完璧にできそうになくともチャレンジをしていき、チャレンジをしたこと自体がすばらしいと思うように意識がけていきました。

また、そう思っていきやすくなるように、カウンセリングやセラピー（心理療法）でサポートしていきました。

そうやって自分のことを良いものと思えるように取り組んでいったのです。


ある日のこと。

その日はＨさんの彼女の誕生日でした。仕事が忙しく、その日はどうしても時間を作れずに、彼女にお願いして二人で誕生日のお祝いをする日をずらしてもらいました。

仕事の休憩時間中、Ｈさんは彼女に「お誕生日おめでとう」の一言を伝える電話をすることにしました。

前までのＨさんは、完璧に祝えないなら意味がないという発想の持ち主だったので、一言だけでも電話をという発想は出てこないタイプでした。

でも、完璧主義を手放したHさんは完璧に祝えなくても、彼女が少しでも喜ぶなら意味があると思えるように変わっており、この行動がとれたのです。

結果、少しではなく、彼女はとっても喜んでくれました。

彼女のための愛の行動をとれたことが、Hさんの自己肯定感をより高めました。

すると、そんな自分のことをHさんは良いものと思えるようになれたのです。

自分のことを良いものと思えると、どうなるのでしょうか。

良いものは人は嫌わないという心理が働くので、人との関係で安心感を感じるようになりました。また、良いものは喜んでくれるという心理が働くので、人は自分のことを良く思ってくれるという安心感を感じるようになりました。

ひいてはそれが、自分はここにいて大丈夫なんだと居場所を感じる心になっていきました。

彼女との関係では特にそれを感じるようになれました。

安心感、居場所を感じるようになり、Hさんの人生の質はより良くなりました。

Ｈさんの彼女が少しでも喜ぶなら意味があると、完璧ではなくても彼女を愛そうとしたことがＨさんの自己肯定感をあげたのですね。

そして、それがＨさんの人との関係の安心感や居場所を感じる心を作ったのです。完璧でなくても愛そうとしたＨさん、すばらしいです。

あとがき

こんにちは。原裕輝です。

私は、カウンセラーや、心理トレーナーをしています。

「恋愛が上手くいかなくて……」

「職場の人間関係が上手くいかなくて……」

「人前で緊張しちゃって……」

「夢に向かって歩きたいけど不安になってしまう」

「ハードワークで……」

「人に大切にされないことが多くて……」などなど様々なご相談をいただきます。

表面的には全く違った相談内容なのですが、その問題を作っている根っこは実は同じで、自己肯定感の低さがそれらの問題を作っていたということがわかることがあります。

だから、人によっては恋愛の相談、仕事の相談、友人関係の相談など複数の問題を解決したくてカウンセリングにお越しいただくのですが、それらの問題を作っていた自己肯定感の低さを高めるということをしていくと、複数あったはずの全ての問題が一気に好転しだすというケースがあります。

そういうケースは実は多々あるのです。

自己肯定感を高くする。それだけ！

それだけで、いろんなことが良くなるのです。

そして一度高めた自己肯定感は一生物で、これからの人生で出会う出来事、人間関係にずっと良い影響を及ぼし続けるのです。

私たちは社会人になると肯定されることが少なくなります。

幼稚園ぐらいのころはお絵かきをすると先生が「すごいね。良いの画けたね」と言ってくれました。

でも、社会人になって職場の上司に書き上げた書類を持っていっても「すごいね。良いの書けたね」とはなかなか言ってくれませんね。

仕事はできて当たり前扱い。失敗したら叱られるけど、できても特に誉めてくれません。主婦の方々は家事をして当たり前扱い。寝坊などしてお弁当を作れなかったりしたら文句は言われたとしても、ご飯は作ってくれて当たり前くらいに扱われたりします。このように肯定されることが少なくなります。

そして、自分の良いところより、良くないところを見つける傾向がある人が少なくありません。『私は気が利かないところがあるから、そこを直さなくっちゃ』という具合に自分の良くないところを見つけて、そこを直そうとします。

自分の良いところを見つけるのではなく、良くないところを見つけてそこを修正することで成長しようという思考のパターンを持つ人は少なくありません。

大人になって誉められることが少なくなり、かつ、自分の良いところを見ることをあまりしないとしたら、自己肯定感は育ちにくいですよね？

でも、それは、あなたに価値、魅力、才能、肯定できるところがないのではなくて、それらを知る機会を持っていないだけなのです。

あなたに価値、魅力、才能、肯定できるところは、いっっっっっっっっぱいあるはずです！

それらを、探してみてください。

そして、見つけたら、ご自身に「私にはこんな良いところがある」と自分で自分の良いところを伝える言葉をかけたり、「私、頑張った」「私、やるじゃん」「そのままで大丈夫」などなど自分を肯定する言葉を自分にかけてみてください。

それらを続けていくと、心に自己肯定感が浸透していきやすくなりますから。

自己肯定感をあげて、あなたの恋愛、夫婦関係、仕事、友人関係、人生におきる出来事の全てを良くしていきましょうね。

あなたの人生がより良くなることを祈っております。

愛を込めて　カウンセリングサービス所属カウンセラー　原裕輝

本書は２００７年に刊行された『人生のぐるぐるからポン！と抜け出す本』
（小社刊）を改題し、新たに加筆、再構成したものです。

著者紹介

原裕輝　心理カウンセラー。家族関係、恋愛、結婚、離婚、仕事における対人関係のカウンセリングで数多くの実績がある。温かな人柄と、優しい包容力で心を解きほぐしながら癒しに導き、幅広い層に支持されている。全国各地でカウンセリングを行うほかワークショップも多数開催。共著に『本当に愛されてるの？』『「女子校育ち」のための恋愛講座』（すばる舎）などがある。
本書では、自分に自信がない、いつも他人を優先させてしまう…そんな人に向けて、自己肯定感を高め、人生をイキイキさせる方法を紹介した。
・カウンセリングサービスＨＰ
http://www.counselingservice.jp/
・原裕輝ブログ
http://blog.livedoor.jp/cs_hara/

あなたの中《なか》の「自己肯定感《じここうていかん》」が
すべてをラクにする

2018年1月5日　第1刷

著　　者　原《はら》　裕《ひろ》輝《き》

発行者　小澤源太郎

責任編集　株式会社 プライム涌光
電話　編集部　03(3203)2850

発行所　株式会社 青春出版社
東京都新宿区若松町12番1号　〒162-0056
振替番号　00190-7-98602
電話　営業部　03(3207)1916

印　刷　中央精版印刷　　製　本　フォーネット社

万一、落丁、乱丁がありました節は、お取りかえします。
ISBN978-4-413-23069-8 C0011

本気で勝ちたい人は
やってはいけない
千田琢哉

受験生専門外来の医師が教える
合格させたいなら
「脳に効くこと」をやりなさい
吉田たかよし

自分をもっともラクにする
「心を書く」本
円　純庵

男と女のアドラー心理学
岩井俊憲

「つい怒ってしまう」がなくなる
子育てのアンガーマネジメント
戸田久実

青春出版社の四六判シリーズ

子どもの一生を決める！
「待てる」「ガマンできる」力の育て方
感情や欲求に振り回されない「自制心」の秘密
田嶋英子

「ずるい人」が
周りからいなくなる本
大嶋信頼

不登校から脱け出した
家族が見つけた幸せの物語
子どものために、あなたのために
菜花　俊

恋愛・お金・成功…願いが叶う★魔法のごはん
ほとんど毎日、運がよくなる！
勝負メシ
佳川奈未

そうだ！　幸せになろう
人生には、こうして奇跡が起きる
誰もが持っている2つの力の使い方
晴香葉子